새

연세한국어 말하기와 쓰기 6-2

연세대학교 한국어학당 편

연세대학교 출판문화원

머리말

연세대학교 한국어학당은 1959년에 설립된 한국 최초의 외국어로서의 한국어 교육 기관이다. 연세대학교 한국어학당은 그간의 역사와 명성에 걸맞게 다양한 한국어 교재 편찬 및 관련 연구를 해옴으로써 한국어 교육을 선도해 왔다. 지금까지 전 세계에서 온 약 150여 개국의 17만여 명에 이르는 한국어 학습자에게 한국어와 한국 문화를 가르쳐 왔으며, 최근에는 빠른 속도로 변화해 가는 교육 환경에 맞추어 오프라인 한국어 교육뿐만 아니라 온라인 한국어 교육 콘텐츠 개발에도 노력을 기울이고 있다. 이미 세계 각국의 한국어 학습자를 대상으로 글로벌 온라인 대중 공개 강좌(MOOC)를 개설하여 학습자들로부터 큰 호응을 얻었고 연세대학교 온라인 교육 혁신 플랫폼인 런어스(LearnUs)에도 최신 기술을 활용한 한국어 콘텐츠를 올려서 학습자들을 만나는 중이다.

연세대학교 한국어학당은 그간 일반 목적 한국어 학습자들뿐만 아니라 특수 목적 한국어 학습자들을 대상으로 정규과정, 단기과정, 대학 한국어 과정 등 다양한 교육과정을 개설 운영하면서 학습자의 요구에 부응하는 최상의 교재를 개발해 왔다. 이러한 교재들은 국내외의 한국어 교육 기관에서 교사와 학습자들의 다양한 요구를 충족시키며 양질의 한국어 교수·학습을 위해 널리 사용되고 있다.

연세대학교 한국어학당은 그간 가장 큰 호응을 받아 왔던 '연세한국어' 1급~6급의 뒤를 이을 새로운 교재로 '새 연세한국어' 시리즈를 기획 출간하게 되었다. 이 교재의 개발을 위해 한국어 교육 현장 경험이 풍부한 전문 한국어 교육학자 및 교사들이 대거 투입되었고 최상의 한국어 교수법 및 학습자 집단의 요구에 대한 이해를 바탕으로 개발 작업이 장기간에 걸쳐 수행되었다.

이번에 출간된 '새 연세한국어' 시리즈는 총 6단계로 각 단계마다 어휘와 문법 교재, 말하기와 쓰기 교재, 듣기와 읽기 교재로 구성되어 있다. '새 연세한국어 어휘와 문법'은 한국어 학습자들이 각 숙달도별로 가장 필수적으로 익혀야 하는 주요 어휘와 문법에 대한 이해와 활용을 중심으로 구성되었다. '새 연세한국어 말하기와 쓰기'는 원활한 한국어 의사소통을 위해 꼭 필요한 표현 기능을 수행할 수 있도록 말하기, 쓰기 과제를 중심으로 구성되었다. 또한 '새 연세한국어 듣기와 읽기'는 듣기, 읽기 과제를 중심으로 각 급별 숙달도에 적절한 이해 능력을 함양시킬 수 있도록 구성되었다. 이 세 권의 교재는 어휘·문법, 표현, 이해 능력의 고른 발달을 위해 패키지로 함께 사용될 수도 있고, 교육 현장 여건이나 학습자의 요구에 따라 별도로 사용될 수도 있다. 또한 어휘와 문법 교재의 경우 별도의 지침서가 무료로 제공되므로 교육 경험이 다소 부족한 국내외의 한국어 교사들에게 유용한 길잡이가 될 수 있을 것이다.

연세대학교 한국어학당은 앞으로도 전 세계의 한국어 학습자들의 요구와 기대에 부응하는 교재 개발을 위해 최선을 다할 것이다. 아울러 본 교재가 국내외에서 한국어 교육을 위해 노력을 아끼지 않는 많은 교사와 한국어 학습을 위해 노력하는 모든 학습자들에게 크게 도움이 되기를 바란다.

연세대학교 언어연구교육원
한국어학당 교재편찬위원회

일러두기

01 이 책은 <새 연세한국어 어휘와 문법 6>, <새 연세한국어 듣기와 읽기 6>과 함께 한국어 고급 학습자들이 사용하도록 구성된 교재이다.

02 이 책은 한국어 고급 학습자들이 한국어로 말하고 쓸 수 있는 능력을 키우기 위한 표현 능력 개발 교재이다.

03 이 책은 총 20과이며 각 과는 각기 2개의 활동으로 구성되어 있다. 그리고 2개 과마다 앞에서 학습한 내용을 복습할 수 있는 복습 10개와 한국 문화에 대한 소개 10개를 실었다. 각 과는 100분 수업 분량으로 이 책은 총 50회의 수업을 진행하도록 구성되어 있다.

04 이 책의 각 과는 '제목, 학습 목표, 준비해 봅시다, 말하기1(쓰기1), 말하기2(쓰기2), 정리해 봅시다'로 구성되어 있다. 각 과는 말하기 또는 쓰기 기능을 수행하도록 구성되어 있으며 전체적으로 말하기 능력과 쓰기 능력을 균형 있게 향상시킬 수 있도록 구성되어 있다.

05 각 과의 제목은 <새 연세한국어 어휘와 문법 6>과 동일하다.

06 '학습 목표'는 '공통점과 차이점을 설명할 수 있다, 의견을 제시할 수 있다, 전문적인 글을 쓸 수 있다, 비평의 글을 쓸 수 있다'와 같이 표현 기능이 드러나도록 기술되어 있다.

07 '준비해 봅시다'는 각 소단원의 들어가기에 해당되며 해당 단원의 말하기나 쓰기 내용의 이해를 돕기 위한 준비 단계이다. 각 과의 주제에 대한 배경 지식을 환기시키는 시각 자료와 질문으로 구성되어 있다.

08 말하기1과 말하기2는 유기적인 관계를 맺고 있는 기능을 연계하여 학습할 수 있도록 구성되어 있다. 말하기1과 말하기2는 각각 3단계로 구성되어 간단한 대화나 이야기로 시작하여 기능과 관련된 표현을 익히고 이를 활용하여 제시된 과제를 수행하도록 구성하였다. 말하기의 각 과제는 신문 기사나 자료 등을 근거로 하여 사회적·추상적인 주제에 대해 자신의 의견을 발표하는 것을 최종 목표로 하여 구성되었다.

09 쓰기1과 쓰기2 역시 관련된 기능을 연계하여 학습할 수 있도록 구성되어 있으며 말하기와 동일하게 각각 3단계로 구성되어 있다. 쓰기의 각 과제는 설명문, 감상문, 논문 쓰기 등 전문적인 글을 작성하는 것을 최종 목표로 하여 구성되었다.

10 '정리해 봅시다'는 마무리 단계로서 각 소단원에서 학습한 내용을 학습자 스스로 확인하고 점검하고 다른 언어 능력과의 통합 교육을 통해서 한국어 능력을 강화하도록 구성되어 있다.

11 '복습'은 정리하고 마무리하는 단계로서 선행 학습한 2개 과의 주제나 기능과 관련된 말하기 또는 쓰기 활동으로 구성되어 있다.

12 '문화'는 선행 학습한 2개 과와 관련된 한국의 문화를 소개함으로써 한국에 대한 이해를 돕도록 구성되어 있다.

13 새로 나온 어휘는 해당 지면 하단에 제시하고 이들 어휘는 어휘 색인으로 제시하였다.

단원구성

<table>
<tr><th>과</th><th>제목</th><th>학습 목표</th><th>과제</th><th>문화</th></tr>
<tr><td rowspan="2">11</td><td rowspan="2">문화유산과 전통</td><td rowspan="2">발표를 마무리하고 발표 내용에 대해서 질문하거나 평가할 수 있다.</td><td>발표하기 3</td><td rowspan="4">계절과 음식</td></tr>
<tr><td>발표하기 4</td></tr>
<tr><td rowspan="2">12</td><td rowspan="2">기후와 계절</td><td rowspan="2">설명문의 특징과 형식에 맞춰서 글을 쓸 수 있다.</td><td>설명문 쓰기 1</td></tr>
<tr><td>설명문 쓰기 2</td></tr>
<tr><td rowspan="2">13</td><td rowspan="2">현대 사회와 미래 사회</td><td rowspan="2">토론의 입론을 세워 자신의 주장을 요약해 발표하고 상대의 주장을 듣고 확인 질문을 할 수 있다.</td><td>토론하기 1</td><td rowspan="4">속담을 통해서 본 한국인의 가치관</td></tr>
<tr><td>토론하기 2</td></tr>
<tr><td rowspan="2">14</td><td rowspan="2">한국인의 정서와 사상</td><td rowspan="2">논쟁적인 주제에 대해서 자신의 주장을 펼치는 논리적인 글을 쓸 수 있다.</td><td>비판, 논쟁형 논설문 쓰기 1</td></tr>
<tr><td>비판, 논쟁형 논설문 쓰기 2</td></tr>
<tr><td rowspan="2">15</td><td rowspan="2">예술과 문화</td><td rowspan="2">토론 사회자로서의 역할을 잘 수행할 수 있고 토론자로서는 반론과 예시를 들어 의견을 말할 수 있다.</td><td>토론하기 3</td><td rowspan="2">남북 단일팀</td></tr>
<tr><td>토론하기 4</td></tr>
</table>

과	제목	학습 목표	과제	문화
16	남북의 현실	문화 비평 글과 체험기를 쓸 수 있다.	문화 비평 글 작성하기 후기 작성하기	남북 단일팀
17	인간과 환경	조사하거나 연구한 결과를 정리한 보고서 내용을 발표할 수 있다.	연구·조사 내용 보고하기 보고 내용 마무리하기	한국 문학의 발자취를 따라서
18	한국의 문학과 예술	다양한 작품을 감상하고 느낀 점을 쓸 수 있다.	감상문 쓰기 1 감상문 쓰기 2	
19	세계와 경제	면접시험의 예상 질문을 만들어 보고 그 질문에 대답할 수 있다.	모의 면접하기 1 모의 면접하기 2	한국의 과학 기지
20	과학과 미래	공식적인 인사말인 축사와 답사를 쓸 수 있다.	축사 작성하기 답사 작성하기	

차례

등장인물 | Main characters

에릭 파커
- 미국
- 한국어학당 학생
- 한국전자 직원

존 카마우
- 케냐
- 한국어학당 학생
- 교환 학생

사토 유키
- 일본
- 한국어학당 학생
- 기자

리타오
- 중국
- 한국어학당 학생
- 대학 입학 예정자

노라 한슨
- 노르웨이
- 한국어학당 학생
- 대학원 입학 예정자

최주앙
- 브라질
- 한국어학당 학생
- 대학 휴학생

응웬 흐엉
- 베트남
- 한국어학당 학생

레오 마르탱
- 프랑스
- 한국어학당 학생
- 요리사

올리비아 스미스
- 호주
- 한국어학당 학생
- 외교관

이윤아
- 한국
- 대학생

정하늘
- 한국
- 대학생

김우진
- 한국
- 한국전자 직원

새 연세한국어

말하기와 쓰기 6-2

11과 문화유산과 전통

• 학습 목표: 발표를 마무리하고 발표 내용에 대해서 질문하거나 평가할 수 있다.

Ⅰ. 준비해 봅시다

연세일보

뉴스 경제 사회 세계 도서 스포츠 연예 증권

문화유산 보전과 전통 유지에 대한 인식의 변화

김장 문화, 유네스코 인류 무형 문화유산으로 선정

김장하지 않는 가구들 점점 늘고 있어…….

한국의 갯벌, 유네스코 세계 자연 유산 등재

독일 드레스덴 엘베 계곡, 세계 유산 목록에서 삭제

- 여러분 나라에 지켜야 할 문화유산이나 자연 유산이 있습니까?
- 문화유산이나 자연 유산을 지키기 위해서 여러분 나라에서는 어떤 노력을 하고 있습니까?

말하기1

II. 표현해 봅시다

1 보기 와 같이 이야기해 봅시다.

	앞의 내용		덧붙일 내용
보기		제주 해녀 문화가 2016년 한국의 19번째 인류 무형 문화유산으로 등재됨.	• 해녀와 해녀 공동체가 가진 '조화의 정신'이 높이 평가를 받아서 등재됨. • 예) 해녀 공동체는 공동 작업으로 얻은 이익을 초등학교를 짓는 등 공동체를 위해서 사용함.
1		KBS가 138일 동안 진행한 이산가족 방송 관련 기록물이 세계 기록 유산으로 등재됨.	• 방송 녹화 원본, 방송 기록 수첩, 신청서 등 2만 건이 넘는 기록 • 예) 신청자들의 이름과 나이, 헤어질 당시의 상황을 적은 사연판, 현장 사진 등이 포함됨.
2		달리기는 신체 건강뿐만 아니라 정신 건강에도 도움이 됨.	• 집중력이 높아져서 성적 향상에 도움이 된다는 연구 결과가 있음. • 예) 매일 30분씩 90일 동안 달리기를 한 사람들이 그렇지 않은 사람들보다 읽기 능력이 17% 향상되었음.
3		무인화, 자동화가 가속화되면서 노인의 디지털 소외가 사회 문제로 대두됨.	• 노인들은 젊은 세대에 비해서 스마트폰이나 컴퓨터 사용에 익숙하지 않음. • 예) 20, 30대 모바일 뱅킹 이용률 80% 이상, 60대는 30%, 70대는 9%

보기

제주도의 해녀 문화는 2016년 11월 한국의 19번째 유네스코 인류 무형 문화유산으로 등재되었습니다. 제주 해녀와 해녀 공동체가 가진 조화의 정신이 등재 이유 중 하나였는데 이에 대해서 조금 더 자세히 설명해 드리면 해녀들은 공동 작업을 해서 얻은 이익을 공동체를 위한 사업 비용으로 사용하기도 합니다. 예를 들면 공동 작업을 통해서 얻은 이익을 초등학교를 짓는 등 공동체를 위해서 사용한 사례가 있습니다.

해녀 이산가족 기록물 원본 사연 소외 대두되다

2 표현을 익혀 봅시다.

도움말

발표 내용을 청중에게 효과적으로 전달하기 위해서는 발표 내용을 보충하여 자세히 설명할 필요가 있다. 덧붙여 설명할 때에는 청중의 이해를 돕기 위한 추가적인 설명이나 구체적인 사례 등을 함께 제시하여 본 발표 내용을 보충하는 것이 좋다.

발표를 마무리할 때는 지금까지 이야기한 것 중 가장 핵심이 되는 것을 중심으로 요약하여 정리한 후 청중에게 감사 인사를 한다. 이때 발표에 나오지 않은 새로운 주장이나 내용을 추가해서는 안 된다.

덧붙여 설명하기	• **조금 더 자세히/구체적으로 설명해 드리면** 이 기록 유산은 1983년 6월 30일부터 총 453시간 진행한 특별 생방송 관련 기록물입니다. • **예를 들어 설명드리자면/다른 예를 들면** "오늘 나온 신상품이십니다."는 손님이 아닌 상품을 높인 잘못된 높임말입니다. • 한국의 입시 제도**에 대해서 부연 설명을 하자면/덧붙여 말씀드리자면 다음과 같습니다.** • **보시는 바와 같이** 한국의 출산율은 점점 낮아지고 있습니다. • **뿐만 아니라** 걷기는 스트레스를 풀어 주는 효과도 있습니다.
발표 마무리 하기	• **지금까지/이상으로** 한국의 유네스코 기록 유산 중 이산가족 기록물**에 대해서 살펴보았습니다.** • **이상에서 살펴본 것과 같이** 1인 가구의 증가가 소형 가전제품의 다양화와 판매 증가에 큰 영향을 미쳤음**을 알 수 있습니다.** • **요약하자면/정리하자면/결론적으로 말씀드리면** 전자책 구매율이 높아져도 종이책은 없어지지 않을 것입니다. • **이상으로 제 발표를 마치겠습니다/제 발표는 여기까지입니다. 들어주셔서 감사합니다.** • **혹시 질문이나 의견이 있으시면 말씀해 주십시오.**

3 보기와 같이 이야기해 봅시다.

보기 주제: 제주 해녀 문화의 특징

개요		1. 제주 해녀의 역사 2. 제주 해녀 문화의 특징 3. 제주 해녀 문화의 위기와 계승 방향
마무리	요약	제주 해녀 문화는 제주도의 특수한 환경에 순응하면서 살아온 해녀들의 문화로 강인하고 독립적인 제주 지역의 여성성을 상징함.
	결론	제주 해녀 문화를 지켜 나가기 위해서 다양한 지원과 정책 마련이 필요함.

① 주제: 한국의 유네스코 기록 유산 - KBS 특별 생방송 '이산가족을 찾습니다' 기록물을 중심으로-		
개요		1. '이산가족을 찾습니다' 방송과 기록물 소개 2. 유네스코 기록 유산 선정 이유 3. 이산가족 찾기 기록물의 가치
마무리	요약	텔레비전을 활용한 세계 최대 규모의 이산가족 찾기 프로그램으로 냉전과 전쟁으로 인한 아픔을 담고 있음.
	결론	분단의 아픔과 현실, '전쟁이라는 비극이 다시 일어나서는 안 된다'는 평화의 메시지를 전 세계에 전달했다는 점에서 의미가 있음.

② 주제: 달리기가 학습에 미치는 영향		
개요		1. 달리기의 운동 효과 2. 달리기가 뇌 기능에 미치는 효과 3. 달리기와 학습 능력의 상관관계
마무리	요약	달리기는 체력을 길러 줄 뿐만 아니라 학습 능력 향상에도 효과가 있음.
	결론	바쁘더라도 달리기와 같은 운동을 하는 것이 학생들의 건강, 학업에 도움을 줌.

③ 주제: 청소년 게임 중독의 문제점과 해결 방안		
개요		1. 게임 중독의 정의 및 청소년 게임 중독 현황 2. 게임 중독의 문제점 3. 게임 중독 해결 방안
마무리	요약	게임 중독도 다른 중독처럼 일상생활에 지장을 줌.
	결론	무조건 게임을 금지할 것이 아니라 일정한 규칙을 세우고 지키면서 스스로 조절 능력을 키우는 방향으로 치료해 가야 함.

보기

지금까지 제주 해녀의 역사 및 해녀 문화의 특징, 제주 해녀 문화가 처한 위기와 계승 방향**에 대해서 살펴보았습니다.** 이제 제주 해녀 문화에 대해서 좀 이해가 되셨으리라 생각합니다. **발표 내용을 요약하자면** 제주 해녀 문화는 제주도의 특수한 환경에 순응하며 삶을 이어온 해녀들의 문화로 강인하고 독립적인 제주 지역의 여성성을 상징합니다. 그러나 이 소중한 해녀 문화는 현재 해녀들이 고령화되면서 사라질 위기에 처해 있습니다.

결론적으로 말씀드리자면 우리 문화유산인 제주 해녀 문화를 지켜 나가기 위해서는 정부 차원의 다양한 지원과 정책 마련이 필요하다고 생각합니다.

제 발표는 여기까지입니다. 들어주셔서 감사합니다. 혹시 질문이나 의견이 있으시면 말씀해 주십시오.

계승　순응하다　강인하다　냉전　분단　비극

말하기2

II. 표현해 봅시다

1 보기 와 같이 이야기해 봅시다.

	발표 제목	평가
보기	국악의 현대화	• 어려운 표현을 알기 쉽게 설명해 주어서 좋았다. • 일반 시민뿐만 아니라 국악인들을 대상으로 한 조사 결과를 제시하여 다양한 의견을 비교해 볼 수 있어서 좋았다.
1	전통문화 전승의 필요성	• 전통문화를 전승하기 위한 구체적인 대안을 제시한 점이 좋았다. • 다른 나라의 사례를 보여 주며 필요성을 강조한 점이 좋았다.
2	한국 드라마 간접 광고 (PPL)의 현황과 문제점	• 영상을 보여 주면서 설명을 해서 이해하기도 쉽고 재미있었다. • 간접 광고가 드라마에 들어가게 된 이유에 대한 설명이 좀 부족한 것 같아서 아쉬웠다.
3	종이책의 미래	• 종이책 판매량을 시대별로 비교한 점이 좋았다. • 종이책과 전자책의 장단점을 좀 더 설명해 주면 좋았을 것 같다.

보기

흐엉: 지금까지 국악의 현대화에 대해서 말씀드렸습니다.

사회자: 발표 잘 들었습니다. 국악이 아무래도 익숙하지 않은 분야이다 보니 국악 관련 어려운 표현이 많았는데 알기 쉽게 설명해 주셔서 이해하는 데 도움이 되었습니다. 또한 일반 시민뿐만 아니라 국악인들을 대상으로 한 조사 결과를 통해서 한쪽의 입장만이 아닌 다양한 의견을 듣고 비교해 볼 수 있어서 좋았습니다. 이제 청중 여러분의 질문을 들어보겠습니다. 발표 내용에 대해서 궁금한 것이 있으면 질문해 주십시오.

현대화　국악인　전승하다　간접 광고　입장

2 표현을 익혀 봅시다.

도움말

발표를 듣고 이해가 되지 않거나 추가 설명을 듣고 싶을 때 질문을 하거나 발표 주제에 대한 발표자의 의견을 물을 수 있다. 발표를 들으면서 질문할 내용을 따로 정리하여 두었다가 발표가 끝난 후에 질문을 하는 것이 좋다.

발표를 들은 후에 주제나 구성, 내용 등 발표와 관련된 전반적인 것에 대해서 평가를 할 때는 발표자의 노고, 내용의 우수성, 독창성 등에 대해서 언급한 후 부족한 점이나 아쉬운 점 등을 이야기한다.

질의하기	• 전통문화의 전승이 중요해도 사람들의 관심이 없으면 사라져버릴 것**이라는 견해/비판/의견도 있는데 이것에 대해서 어떻게 생각하시는지 듣고 싶습니다.** • 국악 전공자들이 졸업 후 어떤 진로를 선택하는지 **알고 싶습니다/궁금합니다.** • **죄송하지만** 한국의 병역 면제 제도**에 대해서 다시 한번 말씀해 주시겠습니까/설명해 주시겠습니까?** • **제가 이해가 되지 않아서 그러는데** 한국의 노인 복지 제도**를 좀 더 자세히 설명해 주시겠습니까?** • **다른 예가/사례가 있으면 말씀해 주시겠습니까?**
평가하기	• 전통문화 전승**에 대한 발표 잘 들었습니다. 발표를 준비하시느라 고생이 많으셨을 것 같습니다.** • 시각 자료**를 활용하여**/구체적인 **사례를 들어 설명해 주셔서 쉽게 이해할 수 있었습니다/좋았습니다.** • 우리가 쉽게 알고 있는 이야기를 주인공이 아닌 주변 인물의 관점에서 **분석한 점이 흥미로웠습니다.** • 최신 통계 자료를 제시**했으면 좋았을 것 같습니다.** • 한쪽의 입장만을 **제시한 점이 아쉬웠습니다.** • **제한된 사례만으로 결론을 내리기에는 좀 무리가 있는 것 같습니다.**

3 보기 와 같이 이야기해 봅시다.

보기	발표 제목	국악의 현대화가 필요한가?
	발표 내용	국악을 전승시키고 대중화시키기 위해서는 국악의 현대화가 필요하다.
	청중의 질문	• 현대화된 국악에 대한 기성세대의 반응은? • 한국 전통 악기로 연주하는 서양의 음악은 국악일까, 아닐까?
	발표자의 응답	• 익숙한 리듬이나 악기가 아니므로 낯설어 하거나 부정적인 반응을 보이는 경우가 많음. • 한국의 악기로 연주를 했다고 하더라도 원곡이 서양의 음악이기 때문에 서양 음악으로 봐야 함.

1	발표 제목	전통문화를 원형 그대로 전승해야 할까?
	발표 내용	대중의 관심도 중요하지만 전통문화를 그대로 보전하여 전승해야 한다.
	청중의 질문	• 아무리 전통문화의 전승이 중요하다고 해도 사람들의 관심이 없으면 소용 없는 게 아닐까? • 전통문화의 전승을 위해서 무엇이 필요한가?
	발표자의 응답	• 전통문화의 원형을 그대로 보존하지 않고 변형하고 창조하다 보면 100년, 200년 후에는 원래 모습을 잃을 것임. • 전통문화 전승자들에 대한 정부 차원의 재정적, 행정적 지원이 필요함.

2	발표 제목	한국 드라마 간접 광고(PPL)의 현황과 문제점
	발표 내용	드라마에 간접 광고가 많아지면서 시청자들의 반감을 사고 있다.
	청중의 질문	• 드라마 제작비 중 간접 광고가 차지하는 비중이 어느 정도일까? • N사에서 제작하는 드라마에는 왜 간접 광고가 없을까?
	발표자의 응답	• 20~30% 정도로 알려져 있음. • 드라마 한 편으로 이익을 남겨야 하는 방송사와는 달리 N사는 구독자들의 구독료가 주 수입원이기 때문에 구독자를 늘리고 유지하는 것이 더 중요함.

원곡　전승자　재정적　행정적　구독료　수입원

<table>
<tr><td rowspan="4">3</td><td>발표 제목</td><td>한국의 지역 축제 활성화 방안</td></tr>
<tr><td>발표 내용</td><td>지역 축제가 성공하기 위해서는 각 지역의 특색에 따라 이야기가 있는 축제를 기획해야 한다.</td></tr>
<tr><td>청중의 질문</td><td>• 지역마다 비슷한 축제가 많은 이유가 뭘까?
• 지역 축제는 어떻게 기획하고 만들어질까?</td></tr>
<tr><td>발표자의 응답</td><td>• 한 지역에서 인기가 있으면 그 지역의 특색을 고려하지 않고 다른 지역에서도 모방하는 경우가 많음.
• 그 지역 담당 공무원이 기획하는 경우가 많아서 전문성이 떨어짐. 민간 이벤트 회사에서 기획, 진행하기도 함.</td></tr>
</table>

보기

흐엉: 지금까지 국악의 현대화 필요성에 대해서 말씀드렸습니다. 제 발표를 요약하자면 국악을 전승시키고 대중화시키기 위해서는 국악의 현대화가 필요합니다. 혹시 질문 있으십니까?

주앙: **발표 잘 들었습니다.** 현대화된 국악이 젊은이들에게 인기가 많다고 하셨는데 기성세대의 반응은 **어떤지 알고 싶습니다.** 세대 간 생각에 차이가 있을 것 같은데요.

흐엉: 아무래도 기성세대들은 익숙한 리듬이나 악기가 아니므로 좀 낯설어 하거나 부정적인 반응을 보이는 경우가 많은 것 같습니다. 또 다른 질문이나 의견 있으십니까?

유키: **저도 발표 재미있게 잘 들었습니다. 발표 준비하시느라 고생이 많으셨을 것 같습니다. 질문을 하나 드리자면** 한국 전통 악기로 연주하는 서양의 음악은 국악으로 봐야 할까요, 서양 음악으로 봐야 할까요? 발표자께서는 어떻게 생각하시는지 궁금합니다.

흐엉: 좋은 질문 감사합니다. 제 개인적으로는 한국의 악기로 연주를 했다고 하더라도 원곡이 서양의 음악이기 때문에 이런 경우에는 서양 음악으로 봐야 한다고 생각합니다. **또 질문 없으십니까? 없으시면 이상으로 제 발표를 마치겠습니다. 들어주셔서 감사합니다.**

III. 정리해 봅시다

전통문화를 원형 그대로 보존해야 한다고 생각합니까, 시대에 따라 변화시켜야 한다고 생각합니까? 친구들과 이야기해 봅시다.

기후와 계절

• 학습 목표: 설명문의 특징과 형식에 맞춰서 글을 쓸 수 있다.

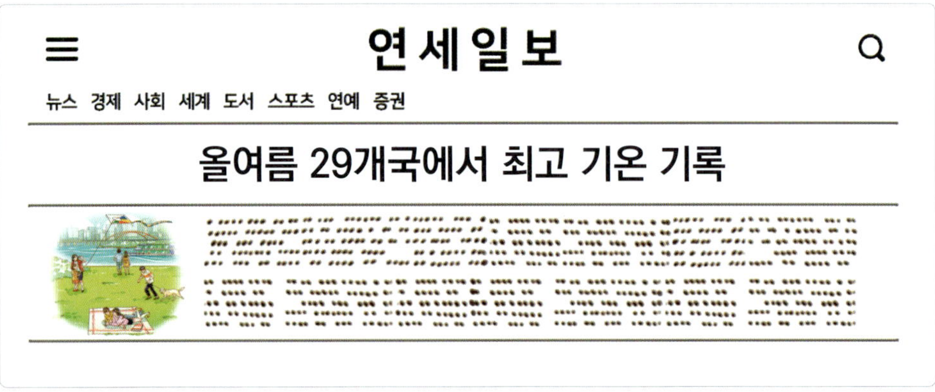

지구의 온도가 1℃ 오르면?

- **가뭄**이 지속됨.
- **5천만 명** 물 부족 겪어
- 10% 육상 생물 **멸종 위기**
- 기후 관련 질병으로 인한 **사망 매년 30만 명**

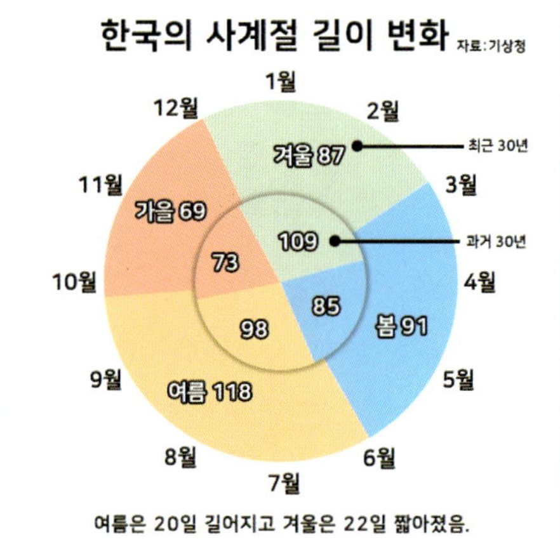

- 기후 변화가 인간에게 어떤 영향을 끼치고 있습니까?
- 기후 변화를 막기 위해서 전 세계는 어떤 노력을 해야 한다고 생각합니까?

II. 표현해 봅시다

1 보기 와 같이 주제를 선택해서 설명 대상과 목적을 써 봅시다.

보기 기후
- 기후 변화 ✔
- 지구 온난화
- 온실가스
- 대체 에너지

→

주제: 기후 변화
- 설명 대상: 중학생
- 설명 목적: 기후 변화의 의미와 심각성을 알리기 위해서

① 이상 기온 현상
- 이상 기온의 원인
- 농작물에 미치는 영향 ✔
- 동물에게 미치는 영향
- 이상 기온으로 인한 피해

→

주제: 이상 기온 현상이 농작물에 미치는 영향
- 설명 대상: 환경학 수업을 듣는 대학생
- 설명 목적: ______________________

② 새로 등장한 경제 개념
- 공유 경제
- 구독 경제 ✔
- 가상 화폐
- 메타노믹스(metanomics)

→

주제: 구독 경제의 시대
- 설명 대상: ______________________
- 설명 목적: ______________________

③ 대중문화
- 케이팝(K-pop)
- ______________________
- ______________________
- ______________________

→

주제: ______________________
- 설명 대상: ______________________
- 설명 목적: ______________________

기후 변화 환경학 공유 경제 구독 경제 가상 화폐 메타노믹스

2 표현을 익혀 봅시다.

❓도움말

설명문은 어떤 대상에 대한 이치나 현상, 정보, 지식 등에 대하여 다른 사람을 이해시키기 위해서 쓴 글이다. 설명문을 쓸 때는 정확한 지식이나 사실에 근거하여 알기 쉽게 설명하고 자기의 주관적인 생각이나 느낌을 넣지 말고 객관적으로 써야 한다.

설명문은 머리말, 본문, 맺음말의 세 부분으로 이루어진다. 설명문을 시작할 때는 설명하는 대상이 무엇인지 개념을 밝히고 배경, 설명하는 동기, 목적 등을 간단하게 제시하여 독자의 관심을 유도한다.

설명문의 머리말 쓰기	• 사물 인터넷**이란** 사람, 사물, 공간, 데이터 등 모든 것이 인터넷을 통해 서로 연결하**는 것을 말한다/의미한다/뜻한다.** • **이 글에서는 먼저** 한국의 기후가 어떻게 변했는지 알아보고 이상 기온 현상이 농작물 재배에 어떤 영향을 미쳤는지 **살펴보겠다.** • **이 글의 마지막에서는/끝으로** 구독 경제 서비스의 미래**에 대해 전망해 보고자 한다.** • **최근에는** 매월 이용료를 내고 음원 제공 서비스를 이용하여 음악을 듣는 사람이 많아지**고 있다.** • 팥빙수, 냉면, 삼계탕, 이 음식들의 공통점**은 무엇일까?** 바로 한국 사람들이 여름에 즐겨 먹는 음식이다. 그럼 겨울에는 무슨 음식을 많이 먹을까? **이 글에서는** 한국인들의 계절 음식을 **알아보겠다.**

3 보기 와 같이 설명문의 머리말을 써 봅시다.

보기 기후 변화, 무엇이 문제인가?

주제 소개	• 도입: 기후 변화와 관련된 뉴스를 쉽게 접할 수 있음. • 기후 변화의 정의: 최소 수십 년 이상의 장기간에 걸친 기간 동안 시간의 흐름에 따라 지역적 혹은 범지구적 기후가 점진적으로 변화하는 것
설명 목적 및 내용 소개	• 목적: 기후 변화의 심각성 강조 • 내용: 기후 변화 현황, 기후 변화가 환경에 미친 영향

기후 변화, 무엇이 문제인가

요즘 기후 변화, 기후 위기와 관련된 뉴스를 쉽게 볼 수 있다. 기록적 폭설, 최고로 더운 여름, 40일간의 폭우 등 기후 변화와 그 심각성을 보여 주는 제목의 뉴스가 세계 곳곳에서 보도되고 있다. 기후 변화란 최소 수십 년 이상의 장기간에 걸친 기간 동안 시간의 흐름에 따라 지역적 혹은 범지구적 기후가 점진적으로 변화하**는 것을 말한다.** 이렇게 기후가 변화하게 되면 과거와는 다른 기상 현상이 일어나게 된다. **이 글은** 기후 변화의 의미와 심각성을 알리**는 데에 그 목적이 있다. 이 글에서는** 과거와 비교해서 기후가 어떻게 변했는지 그리고 기후 변화가 환경에 **어떤 영향을 끼쳤는지 살펴보겠다.**

1 이상 기온이 농작물 재배에 미치는 영향

주제 소개	• 도입: 이상 기온 현상으로 한국에서 열대 과일 재배에 성공했다는 뉴스 보도 • 이상 기온의 정의: 지구 하루 평균 기온이 과거 30년간 또는 그 이상 관측되지 않았을 정도로 평년값에서 벗어난 상태의 기온
설명 목적 및 내용 소개	• 목적: 기후 변화가 농작물 재배에 미친 영향을 알아보고 대응 방안을 모색해 봄. • 내용: 한국의 기후 변화 비교, 지역별 재배 가능 농작물 변화 현황, 기후 변화에 따른 농작물 재배 변화 전망

이상 기온이 농작물 재배에 미치는 영향

몇 년 사이 꽃이 피는 시기가 빨라졌다, 과일의 재배지가 북상했다는 뉴스, 열대 과일 재배에 성공했다는 뉴스를 심심찮게 볼 수 있다. 이러한 현상의 원인은 지구의 이상 기온에 있다. 이상 기온**이란** 지구의 하루 평균 기온이 과거 30년간 또는 그 이상 관측되지 않았을 정도로 평년값에서 벗어난 상태의 기온**을 말한다.** 이러한 이상 기온 현상은 동물과 식물의 생태계에 많은 영향을 끼치는데 특히 우리의 먹거리와 관계가 깊은 농업은 다른 산업보다 기후의 영향을 크게 받는다.

____

____

____

____

범지구적 열대 관측되다 평년값 북상하다 심심찮다

2 소유의 종말, 구독의 시대가 온다.

주제 소개	• 도입: 20~30년 전에는 시디(CD)나 엠피스리(MP3)로 음악 감상, 요즘은 대부분 사람이 음원 재생 서비스 이용 • 구독 경제의 의미: 일정액을 내면 사용자가 원하는 상품이나 서비스를 공급자가 주기적으로 제공하는 서비스
설명 목적 및 내용 소개	• 목적: 구독 경제의 개념을 알아보고 구독 경제의 미래를 전망하고자 함. • 내용: 구독 경제의 의미, 구독 경제 서비스의 종류, 구독 경제 이용 현황, 구독 경제 서비스의 등장 및 성장 이유, 구독 경제의 미래

소유의 종말, 구독의 시대가 온다

이 글은 구독 경제의 개념을 소개하고 구독 경제의 미래를 전망해 보**는 데에 그 목적이 있다. 이 글에서는** 구독 경제란 무엇이고 구독 경제 서비스에는 무엇이 있는지, 구독 경제 시장의 규모는 어느 정도인지**를 살펴보겠다.** 그리고 구독 경제 서비스가 등장한 이유와 최근 급속도로 성장하고 있는 이유를 알아보고 **마지막으로** 구독 경제의 미래**를 전망해 보고자 한다.**

재생

3

주제 소개	• 도입: ______ • ______ 의 의미: ______
설명 목적 및 내용 소개	• 목적: ______ • 내용: ______

Ⅱ. 표현해 봅시다

1 보기 와 같이 주제에 필요한 자료를 찾아서 정리해 봅시다.

보기

기후 변화, 무엇이 문제인가?

1) 기후 변화를 보여 주는 통계 자료

이산화 탄소 농도와 기온의 상관관계

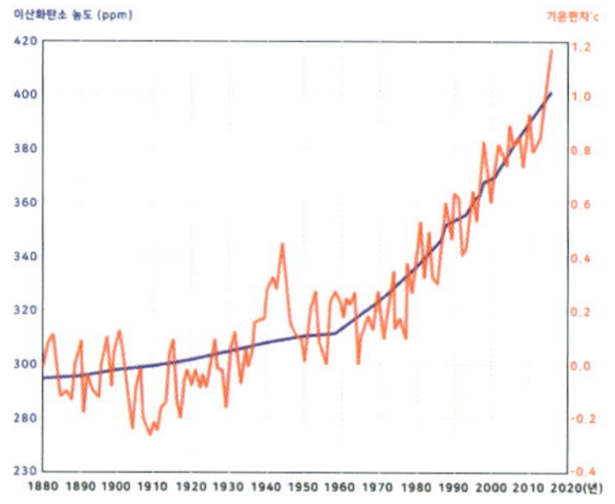

출처 : 두산백과

세계 해수면 증가 추이

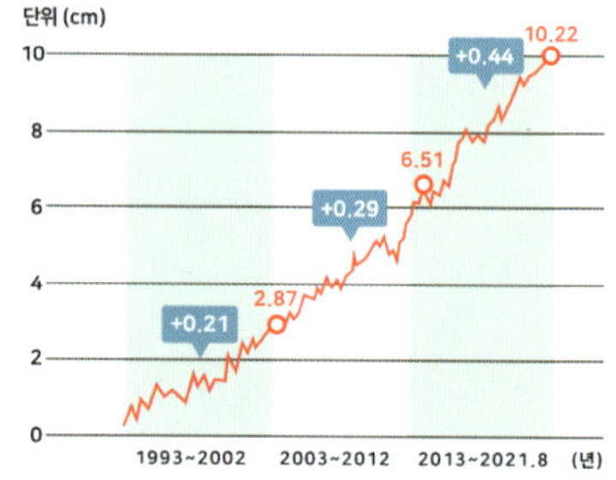

출처: 프랑스 AVISO 연구소

2) 기후 변화의 예를 보여 주는 자료

- “2019년 1월 오스트리아 451cm 기록적 폭설”
- “2021년 7월 서유럽 1천 년 만의 대홍수”
- “2021년 모스크바 120년 만에 가장 더운 6월 기록 등 최악의 폭염으로 지구촌 곳곳이 몸살”

3) 기후 변화의 심각성을 보여 주는 자료

지구 온도 상승별 예측 시나리오

출처 : IPCC

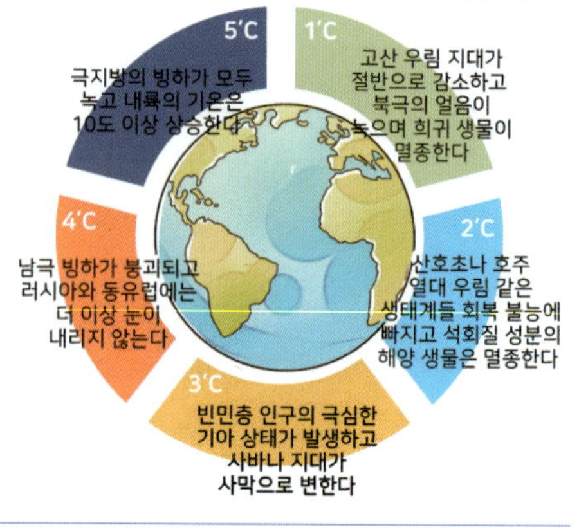

추이 최악

1 기후 변화와 농작물 재배의 상관관계

1) 한국의 기후 변화 관련 자료

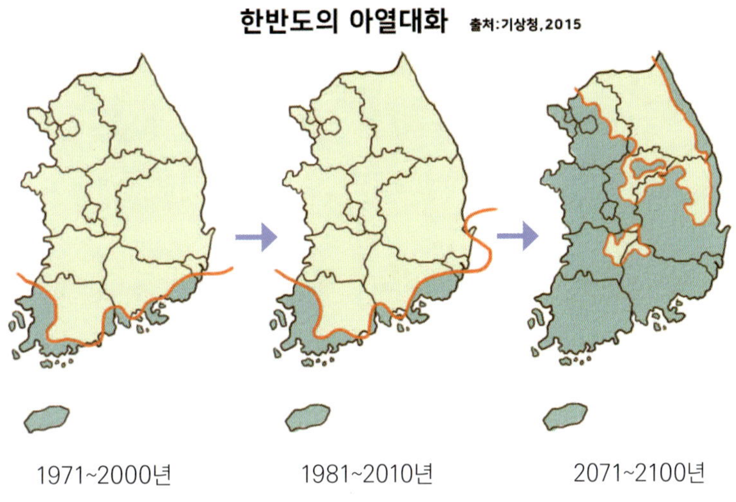

2) 한국의 지역별 재배 가능한 농작물 변화 관련 자료

2

구독 경제의 의미와 전망

1) 구독 경제 서비스의 종류
   - 무제한 동영상, 음악 감상(스트리밍) 서비스
   -
   -
   -

2) 구독 경제 이용 현황 관련 자료
   예) 구독 경제 시장 규모

3) 구독 경제의 성장 이유 관련 자료

무제한

3
케이팝(K-pop)

1) 케이팝 특징 관련 자료

2) 케이팝 인기 관련 자료

3) 케이팝 산업 관련 자료

2 표현을 익혀 봅시다.

도움말

설명문의 본문에서는 머리말에서 알린 문제나 사실을 하나하나 나누어서 알기 쉽고 자세하게 설명해야 한다. 이때 독자가 이해하기 쉽도록 예를 들거나 여러 자료를 제시할 수도 있다. 내용에 따라 비교, 대조, 분류 등 다양한 설명 방법을 통해서 구체적으로 설명하는 것이 좋다. 마지막으로 맺음말에서는 글의 내용을 요약하고 중요한 내용을 강조하거나 의의를 제시한다.

설명문의 본문 쓰기	• **그래프에서 보는 것처럼** 지구의 기온이 1℃ 오를 때마다 생태계에 미치는 영향은 더욱 심각해진다. • 명절 음식**의 예를 들면** 설날에 먹는 떡국, 추석에 먹는 송편 **등이 있다.** • 이전 제품은 무선 충전이 불가능하고 신제품은 고속 무선 충전이 가능하**다는 점이 다르다.** • 원작에서는 주인공이 외동딸**이지만 이와 달리** 영화에서는 언니가 있**다는 점에서 차이가 있다/차이가 난다.** • 기후**는** 열대 기후, 온대 기후, 냉대 기후, 한대 기후, 건조 기후**로 나뉜다/분류된다.** • 회화**는** 그림의 소재**에 따라** 정물화, 인물화, 풍경화**로 나눌 수 있다/분류할 수 있다.**
설명문의 맺음말 쓰기	• **지금까지** 구독 경제 서비스**에 대해서 알아보았다.** • **이상에서 살펴본 것처럼** 한반도의 기후 변화는 한반도에서 자라는 농작물에도 영향을 미쳤다. 몇십 년 전만 해도 남쪽에서만 자라던 작물들이 북쪽에서도 재배가 가능해졌다. • **이렇듯** 유전자 조작 농산물에 대한 찬반에도 불구하고 유전자 농산물은 증가하고 있다. 유전자 조작 농산물의 생산은 생산자의 자유이지만 소비자도 원하는 제품을 선택할 수 있는 권리를 보장해 주어야 한다.

3 보기와 같이 설명문의 본문과 맺음말을 써 봅시다.

보기	기후 변화, 무엇이 문제인가?
본문	중심 문장: 이산화 탄소 배출량이 증가하면 지구 평균 기온도 높아진다. 예) 기후 변화 보여 주는 통계 자료 활용
맺음말	세계적인 노력이 필요하다.

보기

첫 번째 **그래프에서 보는 것처럼** 이산화탄소 배출량이 증가함에 따라 지구의 평균 기온도 높아지고 있는 것을 알 수 있다. 산업화 이전(1850~1900년)과 비교해 보면 지구의 평균 온도가 약 1℃ 정도 상승한 것을 알 수 있다. 이러한 지구 평균 온도의 상승은 해수면의 온도에도 영향을 미쳤는데 두 번째 **그래프에서 보는 것처럼** 30년이 안 되는 사이에 약 10cm가 상승하였다.

문제는 지구의 온도가 계속해서 상승하고 있다는 것이다. 그림에서 보듯이 전문가들은 지구의 기온이 1℃ 상승하면 희귀 생물이 멸종하고, 3℃ 상승하면 사바나 지대가 사막으로 변하고, 5℃ 상승하면 극지방의 빙하가 모두 녹을 것이라고 경고하고 있다.

〈중략〉

이상으로 지구의 기상 변화**에 대해서 살펴보았다.** 산업화 이후 이산화탄소 배출이 증가함에 따라 이전에 비해 지구의 평균 온도 상승 속도가 높아지고 있고 이로 인한 자연재해나 이상 기후 현상도 증가하였다. 전문가들은 지구의 온도가 더 높아지면 동식물의 멸종을 가져오고 빙하가 모두 녹아서 더 큰 재앙을 가져올 것이라고 경고하고 있다. 지금이 바로 지구를 지키기 위한 전 지구적 노력이 필요한 때이다.

1	기후 변화와 농작물 재배의 상관관계
본문	중심 문장: 한반도의 평균 기온이 계속 상승하고 있다. 예) 한국의 기온 변화 통계 자료 활용
맺음말	기후 변화를 줄이기 위한 노력을 계속하는 동시에 기후 변화에 맞는 새로운 품종 개발을 준비해야 한다.

1

이 표에서 보는 것처럼 지난 100여 년간 한국은 10년에 약 0.18℃씩 연 평균 기온이 상승해 왔다. 얼핏 보면 작은 숫자처럼 보이지만 100여 년간 계속해서 상승한 것을 생각한다면 결코 작지 않은 숫자이다. 또한 현재 수준으로 탄소 배출이 이어질 경우 2060년 한반도의 평균 기온은 3.3도 상승하고 폭염은 4배(93.4일) 증가할 것이라는 예상도 있다. 그리고 이런 기온의 상승은 실제로 한국의 농작물 재배에도 다음과 같은 변화를 가져왔다.

〈중략〉

희귀 사바나 극지방 빙하 재앙 품종 얼핏

2 구독 경제의 의미와 전망

본문	중심 문장: 구독 경제 시장이 해마다 성장하고 있으며 서비스도 다양해지고 있다. 예) 구독 경제 시장 규모 자료 활용
맺음말	구독 경제 시장은 당분간 성장할 것이다.

2

〈중략〉

이상에서 살펴본 것처럼 물건을 사는 즐거움 대신 경험하는 즐거움과 실리적인 소비를 선호하는 소비자가 늘면서 구독 경제 시장은 계속 성장하고 시장 규모도 커지고 있다. 구독 경제의 대상도 음악, 영화에서 반찬, 꽃, 자동차까지 우리 일상생활의 다양한 분야로 뻗어 나가면서 당분간 구독 경제 시장은 계속 확대될 것이다.

실리적

3

3	
본문	중심 문장: ______ 예) ______
맺음말	______

3

______

______

______

______

______

______

______

______

______

______

______

______

______

______

______

______

Ⅲ. 정리해 봅시다

고향의 기후 변화와 그 원인에 대해서 이야기해 봅시다.

복습

1 다음 설명문을 읽고 궁금한 점을 질문해 봅시다.

요즘 대부분의 한국 사람들은 아파트나 빌라 같은 현대식으로 지은 주택에 산다. 그렇지만 민속촌, 한옥 마을에서 보는 전통 가옥은 집의 구조나 재료 등이 지금과 많이 다른 것을 알 수 있다. 옛날 한국 사람들은 어떤 집을 짓고 살았을까?

한옥이란 한국의 전통적인 건축 양식으로 지은 집을 말한다. 현대 건축물의 주원료가 시멘트인 것에 비해서 한옥은 자연에서 쉽게 구할 수 있는 흙, 나무, 돌 등의 재료를 이용하여 집을 지었다. 그리고 지역마다 기온과 강수량이 다르기 때문에 기후에 따라 집의 구조나 모양을 다르게 해서 집을 지었다. 예를 들어 북부 지방은 겨울에 기온이 많이 내려가서 춥기 때문에 집에 마루가 없고 방이 붙어 있다. 바람이 들어오지 않도록 창문도 작게 만들고 벽도 두껍게 만들었다. 반면에 남부 지방은 여름에 덥고 습하기 때문에 부엌과 방이 나란히 있고 마루가 넓다. 또한 더운 여름에 바람이 잘 통하도록 창문과 방문을 많이 만들었다. 바람이 많이 부는 제주도는 지붕이 바람에 날아가지 않도록 굵은 밧줄을 연결해서 지붕을 덮은 것이 특징이다. 또 제주도에는 돌이 많은데 이 돌을 이용하여 집 주위에 높은 돌담을 쌓아서 강한 바람을 피할 수 있도록 했다.

옛날 사람들은 주어진 환경에 맞게 쉽게 구할 수 있는 재료를 이용해서 집을 짓고 살아갔다. 얼핏 보면 비슷해 보이지만 한옥의 건축 양식을 통해서 환경에 맞게 적응하며 살아간 조상의 지혜를 알 수 있다.

질문 내용
• 서울 같은 중부 지방 집에는 어떤 특징이 있나?
• 남부 지방이나 제주도에도 온돌이 깔려 있나?
• 제주도가 아닌 다른 섬도 비슷한 구조와 특징을 가지고 있나?
•

2 위 설명문을 평가해 봅시다.

	질문 내용	
1	머리말, 본문, 맺음말 세 부분으로 구성되어 있는가?	☐
2	독자의 수준에 맞는 표현을 사용했는가?	☐
3	설명하는 주제(대상)의 의미가 잘 전달되었는가?	☐
4	적절한 예를 들어 설명을 했는가?	☐
5	내용을 객관적으로 기술했는가?	☐
6	아쉬운 점, 부족한 점을 써 봅시다.	

문화

계절과 음식

계절 음식이란 제철에 그 지역에서 나오는 재료를 가지고 만든 음식으로 제철 음식이라고도 부른다. 사계절의 변화가 뚜렷한 한국에서는 예로부터 계절마다 먹는 음식이 달랐다.

봄에는 봄에 나는 재료를 이용해서 국을 끓이고 나물을 해서 먹었다. 진달래를 따서 화전을 부쳐서 먹거나 쑥떡을 만들어서 먹기도 했다. 쑥은 한국에서 봄을 대표하는 나물이다. 진한 향을 풍기는 쑥국을 먹으면 입맛이 살아난다. 그래서 봄에는 도다리라는 생선과 쑥을 넣어서 끓인 도다리쑥국을 먹기도 한다. 도다리쑥국은 국물이 담백하면서도 시원하고 쑥의 향이 느껴진다. 도다리쑥국을 맛보고 싶다면 도다리가 많이 잡히는 경상남도 통영으로 가 보자. 바다를 보면서 시원한 쑥국을 먹으면 봄을 떠먹는 기분이 들 것이다.

여름에는 땀을 많이 흘리고 더위 때문에 지치기가 쉽다. 그래서 시원한 음식으로 더위를 식히고 땀으로 소모된 영양을 보충하기 위해서 영양가 있는 음식을 먹는다. 예를 들어 밀전병이나 콩국수, 메밀 막국수처럼 시원한 음식을 먹거나 육개장, 삼계탕 같은 보양식으로 떨어진 체력을 회복시킨다.

가을은 수확의 계절이다. 그 해 추수한 햅쌀로 술을 빚거나 송편을 빚는다. 국화를 따다가 국화전을 부쳐서 먹기도 한다. 그렇지만 가을에는 전어를 먹어야 한다. 집 나간 며느리도 다시 돌아오게 한다는 말이 있을 정도로 가을은 전어의 계절이다. 회, 구이, 무침, 어떻게 먹어도 맛있다. 전어는 한국의 서남해안에서 많이 잡힌다. 가을에는 멋진 석양과 맛있는 전어를 한꺼번에 즐길 수 있는 서쪽 해안가로 가 보자.

날씨가 추워지는 겨울에는 신선로나 설렁탕 같은 따뜻한 음식을 많이 먹고 겨울에 나는 무로 담근 동치미를 먹는다. 동치미는 사계절 내내 먹는 음식이기도 하지만 달달한 무와 함께 겨울에 먹는 김치라는 뜻으로 동치미라는 이름을 가지게 되었다고 한다. 추운 겨울밤 군고구마에 동치미를 곁들여 먹으면 겨울의 정취를 한껏 느낄 수 있다. 이 좋은 계절, 오늘은 뭘 먹으면 좋을까?

〈도다리쑥국〉

〈전어 구이〉

소모되다 보양식 수확 추수 햅쌀 빚다

13과 현대 사회와 미래 사회

• 학습 목표: 토론의 입론을 세워 자신의 주장을 요약해 발표하고 상대의 주장을 듣고 확인 질문을 할 수 있다.

Ⅰ. 준비해 봅시다

- 현대 사회에서 개선되어야 할 문제들은 무엇이라고 생각합니까?
- 여러분이 바라는 미래 사회의 모습에 대해서 이야기해 보십시오.

말하기1

II. 표현해 봅시다

1 보기 와 같이 이야기해 봅시다.

보기	주제: 기업의 인공 지능 채용
용어 설명	인공 지능 채용: 이력서 검토부터 면접, 최종 합격까지의 전 과정에 인공 지능을 활용해 직원을 채용하는 것
주제 선정 이유	인공 지능 기술이 빠르게 확산되고 있음.

1	주제: 가상 화폐 도입의 필요성
용어 설명	가상 화폐: 실제 시장에서 사용되는 실물 화폐가 아니라 주로 가상 공간에서 통용되는 화폐
주제 선정 이유	최근 가상 화폐 투자 과열로 정부의 규제 가능성이 있음.

2	주제: 난민 수용 문제
용어 설명	난민 수용: 전쟁, 가난 등의 여러 가지 이유로 자신이 살던 지역 또는 나라에서 도망쳐 나와 떠도는 사람들을 받아들이는 것
주제 선정 이유	제주도에 수백 명의 난민 신청자 발생

3	주제: 노 키즈 존(No Kids Zone)이 필요할까?
용어 설명	노 키즈 존: 영유아와 어린이를 동반한 고객의 출입을 제한하는 곳
주제 선정 이유	최근 노 키즈 존 매장이 증가하고 있음.

보기

윤아: 하늘 씨, 우리 이번 토론회에서 주제를 무엇으로 할까요?
하늘: '기업의 인공 지능 채용'을 주제로 다뤄 보는 건 어때요?
윤아: 요즘 자주 들어보긴 했는데 인공 지능 채용이 정확히 무슨 뜻이에요?
하늘: 인공 지능 채용이란 이력서 검토부터 면접, 최종 합격까지의 전 과정에 인공 지능을 활용하여 직원을 채용하는 것을 말해요.
윤아: 그렇군요. 그런데 왜 이 주제로 토론을 해 보고 싶은 거예요?
하늘: 최근 취업 시장에 인공 지능 기술이 빠르게 확산되고 있다는 기사를 읽고 관심이 생겼거든요.

실물 화폐

2 표현을 익혀 봅시다.

도움말

입론은 본격적인 토론에서 가장 먼저 이루어지는 단계이다. 입론을 세울 때에는 먼저 토론 논제의 용어를 정의하고 현재 상황과 관련된 배경을 설명한다. 그리고 찬반 입장을 표명한 후 논거를 제시하여 자신의 핵심 주장을 간략하게 제시해야 한다. 그리고 토론의 전 과정에서는 격식체 표현을 사용해야 한다.

정의하기	• 최근 가상 투자 과열에 대한 우려 때문에 가상 화폐 투자**에 대한 논의가 활발하게 이루어지고 있습니다/활발합니다.** • 요즘 우리 사회에서는 이상 기후**로 인한** 환경 파괴가 **큰 문제로 대두되고 있습니다/사회적인 문제로 떠오르고 있습니다.** • **먼저** 가상 화폐의 개념**을 설명드리자면** 가상 화폐란 실제 시장에서 사용되는 실물 화폐가 아니라 가상 공간에서만 사용할 수 있는 화폐**라는 뜻입니다.** • **저희는/저는** 교내 스마트폰 사용 규제 강화**에 대해 반대합니다/찬성합니다.** • 학생 처벌**을 허용해서는 안 된다는 것이 제/저희의 입장입니다.**
분류하기	• **첫 번째 이유로는** 현재 가상 화폐의 가치나 시장이 불안정하고 불안한 상태이기 때문입니다. **둘째,** 가상 화폐 시장을 통제, 관리할 수 있는 안정적인 시스템이 없기 때문에 제도권 내에서 관리해야 한**다고 생각합니다. 그리고 마지막으로** 가상 화폐가 투기 혹은 돈세탁, 탈세의 수단으로 악용될 위험이 있**다고 봅니다.** • **이와 같은 사항 등을 고려할 때** 가상 화폐 투자의 규제**가 필요하다고 봅니다.** • **따라서** 포괄적 차별 금지법 제정**에 찬성합니다.** • **결론적으로** 안락사는 반드시 **허용되어야 합니다.**

본격적　논제　표명　포괄적

3 보기 와 같이 이야기해 봅시다.

보기 주제: 기업의 인공 지능 채용	
찬성팀 논거	• 서류 심사 단계에서 표절, 부정행위 검증 가능 • 시간과 비용 절감 • 빅 데이터(big data)를 활용한 정확한 판단 가능

1 주제: 기업의 인공 지능 채용	
반대팀 논거	• 가상 화폐 시장의 과열 • 통제, 관리할 수 있는 안전망이 없음. • 투기 혹은 돈세탁, 탈세 수단으로 악용될 위험

2 주제: 난민 수용 문제	
찬성팀 논거	• 인도적 차원에서 살 곳을 마련해 줘야 함. • 난민의 인권 존중 필요 • 한국의 노동력 부족 문제 해결

3 주제: 노인 복지 정책의 확대	
반대팀 논거	• 정부의 재정 악화 • 젊은이들의 부담 가중 • 지역에 따른 혜택의 불균형

보기

찬성팀 토론자: **최근** 취업 시장에서 인공 지능 기술이 빠르게 확산되면서 기업의 인공 지능 채용**에 대한 논의가 활발하게 이루어지고 있습니다.** 인공 지능 채용**이란** 이력서 검토부터 면접, 최종 합격까지의 전 과정에 인공 지능을 활용하여 직원을 채용하**는 것을 말합니다.**

저희는 인공 지능 채용**에 대해 찬성합니다. 그 첫 번째 이유는** 서류 심사 단계에서 자기소개서를 포함한 다양한 서류의 면밀한 검토를 통해서 표절이나 부정행위를 효과적으로 검증할 수 있**으므로** 보다 공정하게 면접시험을 치를 수 있**다고 생각하기 때문입니다. 둘째,** 보통 일반 채용의 경우 많은 시간과 비용이 필요하지만 이에 비해서 AI 채용은 시간과 비용을 절감하는 효과를 볼 수 있**다고 봅니다. 셋째,** 인공 지능의 빅 데이터(big data)에 근거한 판단은 인간의 판단보다 정확하**다고 생각합니다. 이와 같은 여러 가지 사항들을 고려했을 때** 인공 지능 채용이 활성화되어야 한**다고 생각합니다.**

표절 부정행위 검증 안전망 돈세탁 재정 가중 면밀하다

1 보기 와 같이 이야기해 봅시다.

보기	주제: 기업의 인공 지능 채용
[찬성 팀] 의견	공정한 채용이 가능하다.
[반대 팀] 확인해야 할 내용	과연 공정한 채용이 가능할까? - 해킹에 의해 모범 답안이 유출되지 않을까? - 빅 데이터(big data)에 인간의 편견이나 왜곡된 사고가 포함될 가능성은?

1	주제: 가상 화폐 도입의 필요성
[반대 팀] 의견	통제, 관리할 수 있는 안전망이 없다.
[찬성 팀] 확인해야 할 내용	가상 화폐의 안전한 거래를 위한 장치를 마련한다면? - 블록 체인(block chain) 기술로 안전하게 관리할 수 있지 않을까? - 정부가 가상 화폐 관리소를 공적으로 관리한다면 안전하지 않을까?

2	주제: 치료 목적의 맞춤형 아기
[찬성 팀] 의견	난치병 치료를 위한 어쩔 수 없는 선택이다.
[반대팀] 확인해야 할 내용	과연 맞춤형 아기 연구가 옳은 선택인가? - 자연의 이치에 어긋나는 선택이 아닐까? - 맞춤형 아기는 인간인가, 도구인가?

3	주제: 소년법 폐지
[반대 팀] 의견	청소년은 아직 미숙한 존재이다.
[찬성 팀] 확인해야 할 내용	정말 청소년이 미숙한 존재일까? - 성인보다 더 심한 범죄를 저지르는 청소년은? - 잘못에 대해 반성조차 하지 않는 청소년은?

보기

윤아: 하늘 씨 인공 지능 채용으로 공정한 채용이 가능하다고 말씀하신 것이 맞지요?

하늘: 네, 맞아요.

윤아: 하지만 저는 조금 의문이 들어요.

하늘: 어떤 의문인데요?

윤아: 과연 공정한 채용이 가능할까요? 해킹에 의해서 모범 답안이 유출될 가능성은 없을까요? 그리고 빅 데이터(big data)에 인간의 편견이나 왜곡된 사고가 포함될 가능성도 있지 않을까 하는 생각도 들어요.

하늘: 저는 미처 거기까지는 생각해 보지 못했어요. 토론회를 하기 전에 그런 가능성에 대해서도 생각해 봐야겠네요.

빅 데이터　블록 체인

2 표현을 익혀 봅시다.

도움말

토론에서의 질문은 상대방과의 적극적인 소통이라고 할 수 있다. 상대의 말을 잘 들어야 질문을 할 수 있고 질문을 받으면 그 질문에 대해 답변을 해야 하기 때문이다. 따라서 토론 과정에 질문 시간이 들어가면 긴장감이 높아지고 흥미도도 높아진다. 주어진 시간 내에 상대방 논리의 오류를 지적하고 명확하지 않았던 부분에 대해서 확인 질문을 하거나 추가 보충 설명을 요청할 수 있다.

확인 질문 하기	• **방금 토론자께서** 가상 화폐 시장이 통제될 수 있는 안정적인 제도권 내에서 관리되어야만 악용될 위험을 막을 수 있**다고 하셨습니다, 맞습니까?** • **말씀하신** 가상 화폐**라는 개념을** 암호 화폐**와 같은 뜻으로 이해해도 되겠습니까?** • 현재 세계 금융 시장은 과연 안정적**이라고 할 수 있습니까?** 금융 시장 자체**는 항상 예측 불가능한 상황이 아닙니까?** • 청소년의 범죄는 가정 환경으로부터 크게 영향을 받는**다는 말씀이십니까?**
보충 설명 요청하기	• **방금 말씀하신** 가상 화폐가 악용된 사례**에 대해서 좀 더 자세히 알고 싶습니다. 그리고 정확한 출처에 대해서도 밝혀 주시기 바랍니다.** • 촉법소년**이라는 개념을 사용하셨는데요.** 촉법소년**에 대해서 좀 더 자세히 설명해 주시겠습니까?** • **그 사례는/자료는 언제, 어디에서 발표된 자료를 근거로 말씀하신 겁니까?** • 지금 말씀하신 내용**과 관련해서 좀 더 구체적인 사례를/예를 들어서 설명해 주시겠습니까?**

제도권 교화

3 보기 와 같이 이야기해 봅시다.

보기	주제: 기업의 인공 지능 채용
[찬성 팀] 의견	인공 지능의 빅 데이터(Big data)를 통해서 공정한 평가 가능, 시간과 비용의 절감 효과 기대
확인 질문하기	인공 지능의 빅 데이터에 인간의 편견이나 왜곡된 사고가 포함될 가능성은?
답변하기	다양한 정보의 학습과 진화를 통해 교정 가능
보충 설명 요청하기	시간과 비용을 절약할 수 있다는 근거는?
답변하기	〈S사 조사 결과〉 (아래 표)

〈S사 조사 결과〉

	인사 담당자 1명	인공 지능
지원자 1명의 자기소개서 분석 시간	2분 30초	3초
지원자 1만 명의 이력서 검토 시간	8시간씩 70일	8시간

1	주제: 가상 화폐 도입의 필요성
[반대 팀] 의견	가상 화폐 시장을 통제, 관리할 수 있는 안정적인 제도 장치가 없어 악용될 위험이 있음.
확인 질문하기	금융 시장은 항상 예측 불가능한 상황이 아닌가?
답변하기	가상 화폐의 가치와 현재 금융 시장을 비교하는 것은 적절하지 않음.
보충 설명 요청하기	가상 화폐가 악용된 사례는?
답변하기	얼마 전 국세청이 암호 화폐를 통해 재산을 은닉한 세금 고액 체납자 2,416명 조사 후 강제 징수 실시

2	주제: 치료 목적의 맞춤형 아기
[찬성 팀] 의견	난치병으로부터 살릴 수 있는 아이를 죽게 방치하는 것은 비인간적인 행위임.
확인 질문하기	아기를 필요에 따라 생산하는 것이 더 비인륜적인 행위가 아닐까?
답변하기	생명을 살릴 수 있다는 긍정적인 면을 봐야 함.
보충 설명 요청하기	치료 목적의 맞춤형 아기 출산 사례와 현황은?
답변하기	2000년 8월 29일 미국에서 처음으로 탄생 2008년 영국에서 치료 목적의 맞춤형 아기 합법화

진화　국세청　은닉하다　고액 체납자　강제 징수　방치하다　비인륜적

3	주제: 지리산 산악 열차 건설
[찬성 팀] 의견	지리산 지역은 대부분 산악 지대로 관광 산업 이외의 다른 수익 사업이 불가능하기 때문에 산악 열차 건설이 불가피함.
확인 질문하기	지리산의 아름다운 자연의 모습을 훼손하겠다는 것인가?
답변하기	자연 훼손을 최소화하면서 세계적으로 인정받는 관광 명소로 개발할 계획임.
보충 설명 요청하기	산악 열차를 건설하여 관광 자원을 확대하고 일자리를 창출할 수 있다는 근거는?
답변하기	지방 자치 단체의 조사에 의하면 지리산 산악 열차 도입으로 예상할 수 있는 지역 경제 수입이 2100억 원 정도임.

보기

〈중략〉

찬성 팀 토론자: 따라서 저희는 인공 지능 채용에 찬성합니다.

반대 팀 토론자: 말씀 잘 들었습니다. 그런데 방금 토론자께서 인공 지능의 빅 데이터(Big data)를 통한 채용 방식이 일반적인 채용에 비해서 더 공정하며 시간과 비용을 절감할 수 있**다고 하셨습니다. 맞습니까?**

찬성 팀 토론자: 네, 맞습니다.

반대 팀 토론자: 그런데 빅 데이터에 인간의 편견이나 왜곡된 사고가 포함될 **가능성은 없습니까?**

찬성 팀 토론자: 물론 말씀하신 바와 같이 편견과 왜곡된 사고가 포함될 가능성이 전혀 없**다고는 할 수 없습니다만** 다양한 정보의 학습과 진화를 통해 충분히 교정이 가능하**다고 봅니다.**

반대 팀 토론자: 그렇다면 빅 데이터를 통해서 채용 과정의 시간과 비용을 절감할 수 있**다고 하셨는데 그 근거는 무엇입니까? 구체적인 사례를 들어서 설명해 주십시오.**

찬성 팀 토론자: 네, S기업**의 조사 결과에 따르면** 지원자 1만 명의 이력서 검토 시간이 인사 담당자 1명 기준으로 봤을 때 하루 8시간씩 총 70일이 소요되는 반면에 인공 지능의 경우 총 8시간이 소요되었다고 합니다. 소요 시간을 자그마치 70분의 1로 단축시킨 셈입니다.

III. 정리해 봅시다

최근 일상생활 속에서 다양하게 이루어지고 있는 인공 지능의 활용에 대해서 친구들과 찬반 의견을 나누어 봅시다.

창출하다　지방 자치 단체　소요　자그마치

14과 한국인의 정서와 사상

• 학습 목표: 논쟁적인 주제에 대해서 자신의 주장을 펼치는 논리적인 글을 쓸 수 있다.

연세일보

연세 여고 교훈 '착한 딸, 현명한 아내, 자상한 어머니' 논란 … 찬성측, "80년 전통을 지켜야" VS 반대측, "가르침을 못 주는 교훈은 바꿔야"

- 한국인이 특별히 중시하는 사상과 정서는 무엇이라고 생각합니까?
- 현대 사회에서 논란이 되는 전통적 가치관에는 어떤 것이 있습니까?

쓰기1

II. 표현해 봅시다

1 보기 와 같이 주제에 대한 찬성 의견과 반대 의견을 모두 써 봅시다.

보기

주제: 직장 내 호칭 통일 문제

찬성 의견	반대 의견
• 직급을 빼고 부르면 회사에서 권위적인 문화가 사라질 것 같다. • 별명이나 영어 이름을 부르는 회사도 있다고 들었는데 회의 분위기가 좋을 것 같다.	• 과연 아랫사람이 마음 편하게 상사에게 'OO 님'이라고 부를 수 있을까? • 상하 관계를 중시하는 한국 사회에 어울리는 직장 문화가 아닌 것 같다.

1

주제: 직계 존속 고소 금지 조항 폐지

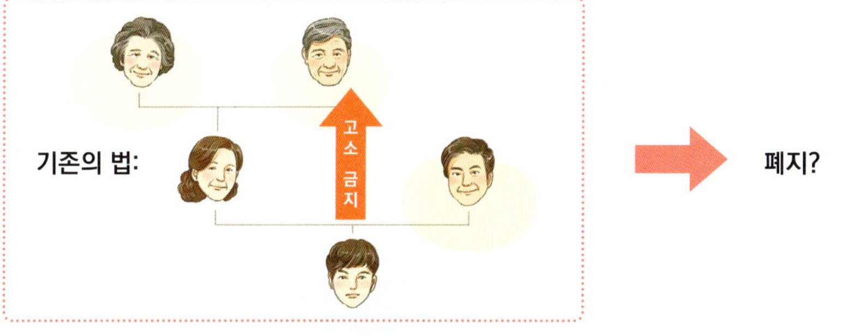

찬성 의견	반대 의견
• 아이들을 학대하는 부모들도 있는데 이런 부모는 벌을 받아야 하지 않을까? • ____________________	• 이 법이 폐지되면 부모님을 고소할 수 있다는 것인데 그런 일은 상상할 수 없다. • ____________________

직계 존속 조항 폐지 학대하다

2

주제: 대기업 여성 임원 할당제

찬성 의견	반대 의견
• 여성의 사회 진출을 돕는 좋은 제도인 것 같다.	• ______________
• ______________	• ______________

3

주제: 신약 개발을 위한 동물 실험

찬성 의견	반대 의견
• ______________	• ______________
• ______________	• ______________

임원 할당제

2 표현을 익혀 봅시다.

도움말

어떤 문제에 대한 사람들의 의견이 찬성과 반대 혹은 두 가지 이상의 의견으로 나뉘는 논쟁적 주제에 대해 비판적 시각을 가지고 자신의 입장을 나타내는 글을 비판 논쟁형 논설문이라고 부른다. 비판 논쟁형 논설문을 작성할 때에는 먼저 현재 상황에서 논쟁이 가능한 주제를 선정하는 것이 중요하다.

주제를 정한 후 서론을 작성할 때에는 먼저 주제를 제시함과 동시에 이에 대해서 여러 가지 의견이 있다는 점을 밝힌다. 이때 주제와 관련된 현황을 간단하게 설명하면서 논란이 되는 지점을 언급하거나 몇 가지 다른 의견을 소개할 수 있다. 그리고 주제에 대한 자신의 입장을 분명하게 제시하도록 한다.

주제와 논쟁점 제시하기	• 안락사는 **국내뿐 아니라 전 세계적으로 논쟁거리가 되고 있다/관심을 받고 있다.** • 최근 대형 범죄가 잇따르자 사형 집행 찬반 문제**가 다시 주목을 받고 있다.** • 요즘 직장 내 호칭 통일 문제**를 둘러싸고 의견이 분분하다/찬반 논란이 뜨겁다.** • 전 세계적으로 사형 집행 건수는 감소하는 추세지만 이 때문에 국가 간 차이가 심해지는 것**이 문제가 되고 있다.** • 청소년 선거권 부여 문제**에 대해서 한쪽에서는** 환영한다고 했**지만 다른 한쪽에서는** 우려의 목소리를 높였다.
자신의 입장 밝히기	• 한국 사람들의 정서를 고려했을 때 **나는** 이 법안의 통과**에 찬성한다/찬성하는 바이다.** • 범죄자 신상 공개**는 긍정적인 면보다 부정적인 면이 많다.** • 중고등학생의 두발 자율화**에는 찬성하지만** 교복 자율화**에 대해서는 반대한다.** • 이 제도는 인본주의 사상에 어긋나므로 폐지**해야 한다.**

논쟁거리 정서 두발 자율화 인본주의

3 보기 와 같이 서론을 써 봅시다.

보기

제목	**직장 내 호칭 통일 문제**
현황	연세 전자에서 직장 내 호칭을 직급 대신 '00 님'으로 통일함.
논쟁점	호칭 통일에 대한 다양한 의견이 있음.
나의 주장	직장 내 호칭 통일 문제는 부정적인 면이 더 많음.

최근 한국을 대표하는 기업인 연세 전자를 비롯한 몇몇 회사에서 새로운 기업 문화를 만든다며 호칭을 통일해서 사용하고 있다. 직장 내에서 서로를 부를 때 '김 대리'나 '부장님' 같은 직급 대신 각자의 이름 뒤에 '님'을 붙여서 '00 님'이라는 호칭을 사용하는 것인데 이 제도**를 둘러싸고 의견이 분분하다.**

연세 전자에서는 기존의 권위적인 직장 문화에서 벗어나 자유롭고 부드러운 회사 분위기를 조성하기 위해 호칭을 통일하는 것이 좋다고 밝힌 바 있다. **그러나** 직장 내 호칭 통일에 대한 문제**는 긍정적인 면보다 부정적인 면이 더 많다.**

1

제목	**직계 존속 고소 금지 조항 폐지**
현황	부모로부터 학대를 받았으나 고소하지 못하는 자녀의 사건이 보도되면서 관련 법 조항이 관심을 받음.
논쟁점	자녀가 부모를 고소하는 문제에 대해 찬반 의견이 대립됨.
나의 주장	직계 존속 고소 금지 조항은 폐지되어야 함.

최근 부모로부터 학대를 받았으나 가해자인 부모를 직접 고소하지 못하는 한 중학생의 사건이 보도되면서 자신의 부모를 고소하지 못하는 '직계 존속 고소 금지 조항'**이 다시 주목을 받고 있다. 한쪽에서는** 이 조항을 두고 전통적인 효 사상을 강조하며 폐지에 반대하고 있고 **다른 한쪽에서는** 전통적 가치관보다 현실이 중요하다고 맞서고 있다. ____________________

____

____

____

2

제목	**대기업 여성 임원 할당제**
현황	대기업을 중심으로 여성 임원을 몇 명 이상 꼭 임명해야 하는 제도가 생기고 있음.
논쟁점	이 제도의 공정성과 필요성에 대해 의견이 분분함.
나의 주장	대기업 여성 임원 할당제는 꼭 필요한 제도임.

현재 한국의 10대 대기업을 중심으로 살펴보면 여성 임원의 비율은 전체의 5%도 되지 않는 수준이다. 이런 상황을 고려할 때 여성 임원 할당제는 꼭 필요한 제도**라고 생각한다.**

3

제목	**신약 개발을 위한 동물 실험**
현황	신약 개발을 위해 여러 동물 실험을 하고 있음.
논쟁점	동물 실험의 목적과 형태가 다양한 상황에서 여러 의견이 맞서고 있음.
나의 주장	동물 실험을 대체할 방법을 찾아서 빠른 시일 내에 동물 실험을 중단해야 함.

1 보기 와 같이 반박하는 글을 써 봅시다.

보기 직장 내 호칭 통일 문제

의견		반박
기존의 권위적인 분위기에서 벗어나 자유로운 의견 교류가 가능할 것이다.	↔	한국인은 상하 관계를 중시하기 때문에 호칭을 바꾸는 것만으로 권위적인 분위기에서 벗어나는 것은 쉽지 않다.
호칭에서 직급이 빠지게 되면 상사와 수평적인 관계를 형성할 수 있다.	↔	직급은 유지하면서 호칭만 통일하는 것은 실질적으로 의미가 없다.

1 직계 존속 고소 금지 조항 폐지

의견		반박
가족 사이에서 발생한 일은 가족 안에서 해결해야 한다.	↔	
전통적인 효 사상을 근거로 만든 법을 폐지하는 것은 정서적으로 반감이 들 것이다.	↔	법은 정서적인 부분보다 현실을 중시해서 제정되어야 한다.

2 예체능 특기자의 군 복무 면제

의견		반박
올림픽에서 메달을 받는 등 국위를 선양한 공로를 인정해서 혜택을 줘야 한다.	↔	
20대에만 가능한 왕성한 예체능 활동의 흐름이 군 복무 때문에 끊어지면 안 된다.	↔	

3 중고교 교복 자율화

의견		반박
교복을 입으면 복장에 신경을 쓰지 않아도 되므로 학업에만 더 집중할 수 있다.	↔	
	↔	

실질적 국위 선양 공로

2 표현을 익혀 봅시다.

도움말

비판 논쟁형 논설문의 본론에서는 서론에서 밝힌 자신의 주장을 뒷받침할 수 있는 내용을 제시한다. 이때 대립되는 의견을 함께 살피면서 그 의견에 대해 반박하고 대안 혹은 수정안을 제시하며 자신의 주장을 강조하는 것이 좋다. 마지막으로 결론에서는 앞 내용을 종합하고 미래에 대한 전망 등을 덧붙이도록 한다.

본론 쓰기	• 직장 내에서 호칭을 통일해서 사용하면 **다음과 같은 세 가지** 부정적인 **점이 있다.** • 적극적 안락사**에 찬성하는 이유는 첫째,** 죽음을 선택할 권리 또한 존중해야 하**기 때문이다.** • 사형 집행**에 찬성하는 사람들은** 강력 범죄를 줄일 수 있**다는 점을 근거로 드는데** 사형이 집행되는 국가의 강력 범죄율이 낮지 않**다는 점에서 이러한 주장에는 문제가 있다.** • 대기업 여성 임원 할당제는 여성의 사회 진출을 돕는 제도이기 때문에 꼭 필요하**다고 주장하는 의견도 있는데** 여기에서 돕는다는 말의 의미가 모호하므로 상세한 개념 정의가 필요하**다고 생각한다.** • 동물 실험을 완전히 없애기는 어려우므로 일부 허용하되 감시 기관을 설치해서 관리하는 방식**으로 보완되어야 한다.**
결론 쓰기	• 다각도로 고찰한 결과 이 법은 유지하**는 것이 옳다.** • **앞서 살펴본 바와 같이** 조기 교육**은 부정적인 면이 많다.** • **물론** 동물 실험을 대체할 수 있는 방법을 찾는 것**이 가장 좋은 해결 방법이다.** • 낙태 합법화를 추진하는 동시에 **앞으로** 낙태를 선택하지 못한 산모들을 지원하는 제도를 마련하**는 일이 중요하다.** • 바람직한 사교육 문화 정착**을 위해** 정부는 더 구체적인 방안을 마련**해야 한다.**

3 보기 와 같이 비판 논쟁형 논설문의 본론과 결론을 써 봅시다.

보기

주제: 직장 내 호칭 통일 문제

본론		
주장	뒷받침 내용	근거
• 직장 내 호칭 통일 문제에 부정적인 면이 많음.	• 상하 관계가 중시되는 한국 사회와 맞지 않음. • 직급 구조를 바꾸지 않으면 소용이 없음.	• 연세 전자 직원 A 씨의 사례, "부장님께 갑자기 '00 님'이라고 부르기 불편하다." • 연세 전자 내부 조사 결과 직급을 알 수 없어서 업무에 방해가 된다고 답한 직원이 많음.
결론		
이상적인 사내 분위기 조성을 위해 필요한 것은 호칭 통일이 아니라 서로 존중하는 태도임.		

내가 직장 내 호칭 통일 문제에 부정적인 면이 많**다고 주장하는 이유는 다음과 같다. 첫째,** 상하 관계를 중시하는 한국 문화에서 서로를 '00 님'이라고 부르는 것은 많은 사람에게 어려운 일이다. 연세 전자에서 일하는 A 씨는 항상 예의를 갖춰서 대하던 부장님께 갑자기 '00 님'이라고 부르는 것이 불편해서 대화를 꺼리게 된다고 했다. 오히려 호칭의 통일이 직장 내 분위기를 더 어색하게 만들고 있는 것이다. **둘째,** 직장 내 수평적인 분위기를 만들기 위해 호칭을 통일해야 한**다는 의견이 있는데** 이는 회사의 직급 구조가 바뀌지 않는 한 소용이 없다. 상사에게 결정권이 있기 때문에 권위가 생기는 것인데 상하 권력 구조를 유지하면서 호칭만 바꾸는 것은 실질적인 효과가 없기 때문이다. 게다가 연세 전자 내부 조사 결과 호칭에서 직급이 드러나지 않아서 오히려 업무 파악에 방해가 된다는 직원들의 의견이 많았다.

앞서 살펴본 바와 같이 직장 내 호칭 통일 문제**에는 부정적인 면이 많다.** 직장 내 수평적인 문화는 서로를 존중하는 마음에서 비롯되는 것이다. 이상적인 사내 분위기 조성**을 위해 가장 중요한 점은** 호칭이 아니라 상대의 말에 더 귀 기울이는 태도이다.

1

주제: 직계 존속 고소 금지 조항 폐지

본론		
주장	뒷받침 내용	근거
• 직계 존속 고소 금지 조항을 폐지해야 함.	• 가족 간에도 법으로 처벌해야 할 범죄가 발생함. • 법은 정서가 아닌 현실을 기본으로 해야 함.	• 최근 보도된 범죄 사례, "이 조항 때문에 처벌을 받지 않은 부모도 생겨남." • 법적으로 부모는 자녀를 고소할 수 있음.
결론		
무엇보다도 가정 내에서 학대를 당하는 자녀들이 발생하지 않도록 사회적인 관심이 필요함.		

직계 존속 고소 금지 조항을 폐지해야 한**다고 생각하는 이유는 첫째,** 가족 간에도 법으로 처벌해야 할 범죄가 발생할 수 있**기 때문이다.** 최근 부모로부터 오랜 기간 학대를 당하고도 가해자인 부모를 고소하지 못하는 자녀들의 사례가 많이 보도되고 있다. 이 법 조항 때문에 범죄를 저지르고도 별다른 처벌을 받지 않는 부모가 생기게 되고 다시 비슷한 범죄가 반복되는 일도 많다. **둘째,** 반대로 부모가 자녀를 고소할 수 없다는 법 조항은 없다. 아무리 한국 사회가 효 사상을 중시한다고 해도 법은 감정이나 정서가 아닌 현실을 우선시해야 한다. 게다가 개인을 중시하는 요즘 사람들에게 효 사상이 얼마나 중요한 가치로 인식될지 다시 생각할 필요도 있다.

앞서 살펴본 바와 같이 ______________________

____

____

____

____

2

주제: 예체능 특기자의 병역 면제

본론		
주장	뒷받침 내용	근거
• 예체능 특기자의 병역 면제에 반대함.	• 메달을 따면 상금 등 금전적인 보상도 받는데 군 면제 특혜까지 줄 필요가 없음. • 군 복무 면제 혜택을 부여하는 기준이 불명확함.	• 최근에 입대한 A 씨의 입장, "평범한 대학생인 나만 손해" • 미술, 음악, 운동 등 각 분야의 기준이 다름.
결론		
군 복무 면제와 같은 예민한 사항은 선의의 피해자가 발생하지 않도록 신중하게 논의해야 함.		

앞서 살펴본 바와 같이 예체능 특기자에게 군 복무 면제 혜택을 주는 **것은 옳지 않다.** 특히 한국처럼 병역 문제가 예민하게 받아들여지는 사회일수록 선의의 피해자가 발생하지 않게 심도 있는 논의와 각계각층의 합의 수렴 절차가 필요하다.

병역 면제　선의　심도　수렴

3

주제: 중고교 교복 자율화

본론		
주장	뒷받침 내용	근거
• 교복을 없애고 학생들에게 복장의 자유를 보장해야 함.	• 교복 때문에 학업에 집중하지 못하는 경우도 많음. • 교복 가격이 비쌈.	• 자유롭고 편안한 차림으로 공부할 때 더 집중이 잘된다는 학생들의 의견 • 설문 조사 결과 교복 가격이 부담된다고 응답한 학부모가 65%였음.
결론		
교복 자율화 문제는 학생들의 의견이 가장 중요함. 각 학교에서는 학생들의 의견을 최우선으로 받아들여야 함.		

III. 정리해 봅시다

최근 한국 사회에서 논란이 됐던 주제를 찾아보고 그 문제에 대한 자신의 의견을 정리하여 글로 써 봅시다.

복습

1 다음의 신문 기사를 읽고 비판하는 글을 써 봅시다.

연세일보

≡ 오피니언 정치 경제 국제 사회 문화 연예 스포츠 매거진

"유전자 편집 소고기, 안전 우려 없다" 시중 유통 길 열어

미국 식품 의약국(FDA)이 유전자 편집 소고기가 안전성에 문제가 없다고 결론 지은 데 따라 미국 정부는 7일(현지 시간) 유전자 편집 소고기 판매를 허용하기로 했다. 이로써 몇 년 안에 유전자 편집 소고기가 시중에 유통될 수 있게 됐다. 유전자 편집 소는 미국에서 연어와 돼지에 이어 세 번째로 사람들의 소비가 허용된 유전자 편집 동물이다. 이미 많은 식품들이 유전자 변형으로 재배된 콩과 옥수수로 만들어지고 있다.

미국 식품 의약국(FDA)의 승인을 받은 소들은 크리스퍼(CRISPR)라고 불리는 기술을 써서 유전자를 편집해 더운 날씨를 잘 견뎌 낼 수 있도록 짧고 매끄러운 털을 갖게 되었다. 더위로 스트레스를 받지 않으면 소는 몸무게를 더 늘릴 수 있어서 보다 효율적으로 육류를 생산할 수 있다. 유전자 편집 소 연구 책임자는 이번 결정이 많은 소규모 생명공학 스타트업 회사들에 고무적일 수 있다고 밝혔다.

이 기사에 대한 문제 제기	❶ ❷ ❸
나의 주장	

2 자신이 쓴 글을 발표해 봅시다.

승인 고무적

문화

속담을 통해서 본 한국인의 가치관

속담이란 옛날부터 말로 전해 내려온 풍자, 비판, 교훈 등이 들어 있는 짧은 구절을 말한다. 속담은 그 시대와 사회의 정서와 가치관을 잘 반영하고 있어 많은 사람들에게 공감을 불러일으킨다.

한국의 대표적인 정서로 많은 사람들은 '한'과 '정'을 꼽는다. 한국의 속담 중에는 특히 '정'을 나타내는 것이 많은데 이러한 속담들은 현대의 한국인들에게도 익숙하고 자주 사용된다.

예를 들어 '오는 정이 있어야 가는 정이 있다'라는 속담은 상대방이 자신에게 정을 느낄 수 있도록 말이나 행동을 좋게 하면 자신도 상대방에게 정을 준다는 뜻이다. '드는 정은 몰라도 나는 정은 안다'라는 속담은 정이 들 때는 드는 줄 모르게 들지만 막상 헤어질 때는 그 정이 얼마나 깊었는지를 새삼 느끼게 된다는 뜻이다. '미운 정 고운 정'은 오래 알고 지내는 동안 서로 뜻이 맞기도 하고 맞지 않기도 하나 여러 고비를 모두 잘 넘기고 깊이 든 정을 나타내는 속담이다. 그리고 '싸움 끝에 정이 붙는다'는 싸움을 통해서 서로 가지고 있던 오해나 나쁜 감정을 풀어 버리면 오히려 더 가까워지게 된다는 속담이다.

그런데 속담 중에는 가치관이 변화하면서 현재에 와서는 예전 뜻 그대로 받아들여지지 않는 것들도 있다. 예를 들어 '열 번 찍어 안 넘어가는 나무 없다'라는 속담은 예전에는 포기하지 않고 도전하면 결국 좋은 결과가 따라온다는 의미로 쓰였다. 그러나 현대에 와서는 특히 이성 관계에서 스토킹으로 오해받을 수 있는 행동이다. '개천에서 용 난다'라는 속담은 경제적으로 어려운 환경에서도 성공한 사람이 나올 수 있다는 의미였는데 요즘은 이러한 일이 불가능하다고 여기는 사람들이 많다. '젊어서 고생은 사서도 한다'는 젊은 시절의 고생은 미래의 발전을 위해 좋은 경험이 된다는 의미이고 '한 우물을 파라'는 이것저것 조금씩 여러 일을 하는 것보다 한 가지를 꾸준히 하는 것이 낫다는 의미이나 역시 요즘에는 그와 다르게 생각하기도 한다.

오는 정이 있어야 가는 정이 있다

드는 정은 몰라도 나는 정은 안다

미운 정 고운 정

싸움 끝에 정이 붙는다

열 번 찍어 안 넘어가는 나무 없다

개천에서 용 난다

젊어서 고생은 사서도 한다

한 우물을 파라

풍자 구절 한 들다 나다

15과 예술과 문화

• **학습 목표:** 토론 사회자로서의 역할을 잘 수행할 수 있고 토론자로서는 반론과 예시를 들어 의견을 말할 수 있다.

Ⅰ. 준비해 봅시다

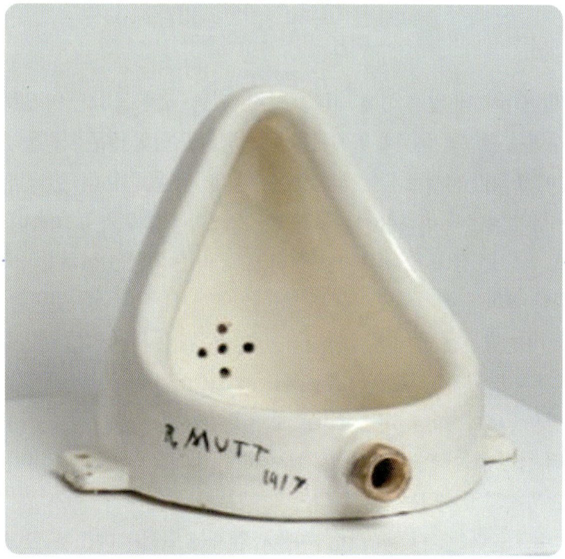

- 예술 작품으로 인정받을 수 있는 기준이 무엇이라고 생각합니까?
- 처음에는 예술로 인정받지 못했지만 지금은 예술로 인정받은 작품으로 어떤 것들이 있습니까?

말하기1

II. 표현해 봅시다

1 토론의 사회자가 되어 보기 와 같이 이야기해 봅시다.

보기 토론 제목	인공 지능(AI)으로 만든 작품을 예술로 봐야 하는가?
팀 구성	찬성 팀: 팀장 정하늘 외 3명 / 반대 팀: 팀장 최주앙 외 3명
토론 규칙	각 팀의 팀장부터 발언하고 그 후로는 순서 관계없음.
발언 시간	한 사람당 최대 2분

① 토론 제목	가요 프로그램의 순위 제도 폐지
팀 구성	찬성 팀: 리타오, 유키 / 반대 팀: 레오, 존
토론 규칙	찬성 팀부터 발언함.
발언 시간	한 사람당 최대 1분

② 토론 제목	'강아지 미용 쇼' 개최
팀 구성	찬성 팀: 인주시 시 의원 김하진 / 반대 팀: 동물연대 대표 최민정
토론 규칙	순서에 관계없이 발언 가능함. 3분이 지나면 마이크가 자동으로 꺼짐.
발언 시간	한 사람당 최대 3분

③ 토론 제목	안락사 허용
팀 구성	찬성 팀: 에릭 외 3명 / 반대 팀: 흐엉 외 4명
토론 규칙	각 팀은 최대 2명까지 연속으로 발언할 수 있음.
발언 시간	제한 없음.

보기

사회자: 안녕하십니까? 저는 오늘 토론의 사회를 맡은 이윤아입니다. 최근 한 미술 경매장에서 인공 지능이 사전에 입력된 그림을 학습하여 만든 작품이 비싼 값에 팔린 일이 있었는데 이것이 사회적으로 큰 논란을 일으키고 있습니다. 이와 관련하여 오늘 토론은 인공 지능으로 만든 작품을 예술로 봐야 하는가를 주제로 진행하도록 하겠습니다. 찬성 팀으로 정하늘 팀장 외 세 분, 반대 팀으로는 최주앙 팀장 외 세 분이 참석하셨습니다. 오늘 토론의 규칙은 다음과 같습니다. 먼저 두 팀의 팀장이 대표로 발언한 후 그 뒤로는 정해진 순서 없이 자유롭게 발언할 수 있습니다. 발언 시간은 한 사람당 최대 2분이니 잘 지켜 주시기 바랍니다.

경매장

2 표현을 익혀 봅시다.

도움말

사회자는 토론의 시작과 끝을 알리는 것 외에도 토론이 공정하게 진행될 수 있도록 돕는 역할을 한다. 우선 토론 주제와 그 배경에 대해 간단히 설명하고 규칙 등을 안내하도록 한다. 본격적인 토론이 시작되면 사회자는 토론 규칙에 따라 발언 횟수와 시간 등을 확인해야 한다. 필요에 따라 발언 내용을 요약하거나 논점을 제한할 수도 있다. 마지막으로 토론에서 나온 의미 있는 내용 등을 언급하며 마무리하도록 한다.

토론 시작하기	• **최근** 한 인기 가요 프로그램의 연출자가 다음 달부터 순위 제도를 폐지하겠다고 발표한 **일이 있었습니다.** • **요즘 사회적으로/전 세계적으로** 안락사 **찬반 논쟁이 끊이지 않고 있습니다.** • **오늘은** 사형 제도 찬반**을 주제로 토론을 진행하도록 하겠습니다.** • **토론자로는 찬성 팀의** 정하늘 **씨와 반대 팀의** 이윤아 **씨께서 수고해 주시겠습니다.** • **토론의 규칙을 설명해 드리겠습니다. 각 팀의 토론자께서는 규칙에 잘 따라 주시기 바랍니다.**
토론 진행하기	• 찬성 팀의 에릭 파커 씨**가 발언해 주시기 바랍니다.** • **방금 찬성 팀에서** 음악은 취향에 따라 듣는 것이기 때문에 순위가 의미 없**다는 의견을 주셨는데 반대 팀은 이것에 대해서 반론해 주시기 바랍니다.** • **추가로 발언하실 내용이 있습니까?** • **논지에서 벗어난 내용은 발언을 자제해 주십시오.** • **정해진 시간이 다 되었으니 발언을 마무리해 주십시오.**
토론 마무리하기	• **오늘 토론을 통해** 예술의 가치 평가 문제**에 대해 깊이 생각해 볼 수 있었습니다.** • **오늘 논의한** 안락사 문제**는 앞으로도 심도 있게 논의되어야 할 것 같다는 생각이 듭니다.** • **장시간 토론에 참여해 주신 모든 분들께 감사드립니다.** • **이것으로 오늘의 토론을 모두 마치겠습니다.**

논점　논지

3 보기와 같이 이야기해 봅시다.

보기 주제: 인공 지능(AI)으로 만든 작품도 예술로 봐야 하는가?	
찬성 팀 의견	• 작가가 의도를 가지고 인공 지능에 여러 그림 자료를 입력했으므로 예술 작품으로 봐야 함. • 인공 지능은 새로 등장한 표현 도구일 뿐임.
① 주제: 가요 프로그램의 순위 제도 폐지	
반대 팀 의견	• 음악 시장은 이미 경제적으로 큰 가치가 있는 분야로 순위 제도가 있어야 시장도 활발해짐. • 적당한 경쟁은 오히려 음악인들에게 동기를 부여함.
② 주제: '강아지 미용 쇼' 개최	
반대 팀 의견	• 강아지를 화려하게 꾸미기 위해 염색을 하면 강아지의 건강을 해칠 수 있음. • 의사 표현을 할 수 없는 강아지에게 인위적인 행동을 강요하므로 이것은 동물 학대임.
③ 주제: 휴대 전화의 '통화 녹음' 기능이 꼭 필요한가?	
찬성 팀 의견	• 증거 확보 등 개인을 보호하기 위한 상황에서 꼭 필요한 기능임. • 녹음 내용을 악용한 사람을 처벌하는 법도 있으므로 크게 우려하지 않아도 됨.

보기

사회자: 지금부터 인공 지능으로 만든 작품을 예술로 봐야 하는가**를 주제로 토론을 시작하겠습니다.** 규칙에 따라 **먼저** 찬성 팀의 팀장**이 발언해 주시기 바랍니다.**

찬성 팀: 저는 인공 지능으로 창작한 작품도 당연히 예술로 인정되어야 한다고 생각합니다. 인공 지능으로 어떤 작품을 만들어 내는 과정을 살펴보면 처음에 한 작가가 고른 미술 자료들을 인공 지능에 입력합니다. 그리고 인공 지능이 그 자료들을 스스로 학습하여 새로운 결과물을 만들어 냅니다. 그 자료에 따라서 결과물은 달라질 수 있습니다. 그러니까 이 작업은 처음부터 작가가 예술 작품을 만들기 위해 시작한 것이므로 그 작가의 창작물이라고 할 수 있습니다. 다시 말해 예전에는 볼 수 없었던 인공 지능이라는 새로운 도구를 사용해서 예술 작품을 창작하는 것입니다. 그러므로 인공 지능으로 창작한 작품을 예술로 인정해야 합니다.

사회자: 잘 들었습니다. **방금** 찬성 팀**에서** 인공 지능은 새로운 도구일 뿐이고 처음에 인공 지능에 자료를 입력한 사람의 예술 작품으로 봐야 **한다는 의견을 주셨습니다. 추가 의견이 없으시다면 지금부터 반대 팀에서 발언해 주시기 바랍니다.**

〈중략〉

사회자: 오늘 우리가 논의한 내용은 앞으로도 심도 있게 논의되어야 할 것 같다는 생각이 듭니다. 토론에 참여하신 모든 분들 수고하셨습니다. 이것으로 오늘의 토론을 모두 마치겠습니다.

부여하다 확보

1 보기 와 같이 이야기해 봅시다.

	주제: 인공 지능(AI)으로 만든 작품을 예술로 봐야 하는가?	
	찬성 팀	반대 팀
보기	• 그림 자료를 선별해서 입력한 작가의 예술 작품임. • 인공 지능은 새로 등장한 표현의 도구임.	• 작가의 영감을 받아 창조한 것이 아닌 모방의 결과 • 예술 작품은 창조된 것이어야 하는데 인공 지능은 영감을 얻지 못함.

	주제: 가요 프로그램의 순위 제도	
	찬성 팀	반대 팀
①	• 순위 제도가 있어야 음악 시장이 경제적으로 활발해짐. • 적당한 경쟁은 오히려 음악인들에게 동기를 부여함.	• 인기 있는 음악만이 좋은 음악이 아님. • 가요 프로그램은 다양한 음악을 소개해야 함.

	주제: 취업시 봉사 활동 가산점 제도 폐지	
	찬성 팀	반대 팀
②	• 진정한 의미의 봉사 활동이 아님. • 거짓으로 봉사 활동 경험을 작성하는 사례가 많고 증명이 어려움.	• 봉사 활동을 하는 사람이 증가하는 것은 좋은 일임. • 지원자의 인성을 확인할 수 있는 좋은 제도임.

	주제: 불효자 방지법의 시행	
	찬성 팀	반대 팀
③	• 부모의 재산만 받고 부모를 돌보지 않는 자녀들을 처벌할 수 있는 노인 보호법임. • 가족 간 문제를 해결하는 데 도움이 됨.	• 부모를 부양하는 것을 법으로 강제할 수 없음. • 가족들 간의 문제를 법으로 해결하는 것은 바람직하지 않음.

보기

찬성 팀: 저는 이 작업은 처음부터 한 작가가 인공 지능에 수많은 그림 자료를 직접 선별해서 입력한 것이므로 그 사람의 예술 작품이라고 생각합니다. 그리고 인공 지능은 창작의 주체가 아니라 현대 사회에 새롭게 등장한 도구일 뿐입니다. 여전히 창작의 주체는 사람이므로 이제는 인공 지능으로 만든 작품들도 새로운 예술 분야로 인정해야 한다고 생각합니다.

반대 팀: 글쎄요, 그 작가가 원래 있던 그림 자료를 골라서 인공 지능에 입력한 것을 과연 예술적인 창조 활동이라고 할 수 있을까요? 저는 그 작가가 영감을 얻어서 스스로 새로운 형태의 작품을 만들어 낸 것이 아니라는 점에서 문제를 제기하고 싶습니다. 이것은 성능이 좋은 기계가 등장하여 인간의 작품을 모방한 결과라고 봅니다. 또한 인공 지능에는 영혼이 존재하지 않기 때문에 창작의 영감을 얻을 수 없지 않습니까? 그러므로 인공 지능으로 만든 작품을 예술이라고 할 수 없습니다.

영감 가산점 부양하다 강제하다 제기하다

2 표현을 익혀 봅시다.

> **❓도움말**
>
> 토론을 할 때에는 상대방 주장의 근거가 부족한 부분을 언급하면서 자신의 주장을 펼친다. 이때 상대의 의견이 어떤 부분에서 문제가 있는지, 어떤 부분이 미흡한지를 분명하게 밝혀야 한다. 또한 설득을 할 때에는 구체적인 사례를 들어 자신의 주장을 설명하거나 자신의 주장이 타당함을 강조하는 것이 좋다.

문제 제기하기	• 음악 시장 활성화를 위해 순위 경쟁이 필요하**다고 하셨는데** 경제적인 논리로 예술의 가치를 평가할 수 있**다고 생각하십니까? 저는** 예술의 가치를 그렇게 물질적으로만 평가해서는 안 된**다고 생각합니다.** • **방금 말씀하신 내용은** 일부의 우려를 확대 해석했**다는 점에서 문제가 있습니다.** 실제로 심각하게 걱정할 상황은 아니**라고 봅니다.** • **제시하신 자료는** 현재 상황이 반영이 안 된 오래된 자료**라는 점에서 신뢰하기 어렵습니다.** • 이 제도는 청소년을 보호하는 것**이 아니라 오히려** 청소년의 표현의 자유를 침해하**고 있습니다.** • 무조건 부모를 피해자로, 자녀를 가해자로 여기는 것은 **논리적으로 맞지 않다고 생각합니다.**
사례를 들어 설득하기	• **실제로** 각 방송사마다 인기 있는 음악의 순위를 매기는 기준이 다 다르**다는 사례를 보면** 순위를 매기는 것은 의미가 없**다고 할 수 있습니다.** • 휴대폰 통화 녹음 기능을 이용해서 범죄를 증명해 낸 **일이 있었습니다.** 무조건 휴대폰의 녹음 기능 사용을 금지하기**보다는** 문제점을 보완하며 사용하는 방법을 고민하는 **것이 더 필요한 일이 아닐까요?** • 나라에서 나서서 자녀에게 효도를 강요**할 게 아니라 차라리** 노인 보호 기관을 확충하는 것**이 더 시급하다고 봅니다/더 중요하다고 봅니다.** • **이런 사례를 참고해 봤을 때** 제 의견이 좋은 대안이 될 수 있**다고 생각합니다.**

3 보기 와 같이 이야기해 봅시다.

보기

주제: 인공 지능(AI)으로 만든 작품을 예술로 봐야 하는가?	
상대의 주장	문제 제기 및 설득하기
인공 지능에 자료를 골라서 입력한 작가가 창작한 예술 작품임.	• 문제 제기: 사람이 영감을 얻어서 창작한 결과물이 아님. 기계가 기존 작품들을 조합해서 모방한 것일 뿐임. • 사례: 웹툰의 경우 실제로 채색, 스케치 등과 같은 작업을 한 사람이 아닌 아이디어를 제공한 사람을 작가라고 함.

1

주제: 가요 프로그램의 순위 제도	
상대의 주장	문제 제기 및 설득하기
음악 시장의 활성화를 위해 순위 경쟁은 필요함.	• 문제 제기: 방송사마다 순위를 매기는 기준이 달라서 신뢰할 수 없음. • 사례: 지난 한 달 각 방송사의 1위에서 10위까지의 가요 순위를 살펴본 결과 방송사 간 순위 차이가 매우 컸음.

2

주제: 취업 시 봉사 활동 가산점 제도 폐지	
상대의 주장	문제 제기 및 설득하기
봉사 활동의 진정한 의미를 훼손하게 되므로 폐지해야 함.	• 문제 제기: 취직을 목적으로 봉사 활동을 시작했어도 봉사 활동을 하는 사람들이 많아지는 것은 좋은 일임. • 사례: Y전자 신입 사원 김 모 씨는 가산점을 얻기 위해 봉사 활동을 시작했지만 취업 후에 봉사 동호회에 가입해서 활동하고 있음.

3

주제: 지방 소재 기업이 그 지역 대학 졸업자를 우선 채용하는 법	
상대의 주장	문제 제기 및 설득하기
학생이 적어서 어려움에 처한 지방 대학을 지원할 수 있는 제도이므로 찬성함.	• 문제 제기: 졸업자 일부에게 혜택을 주는 것으로 대학 전체를 돕기는 어려움. • 사례: 지난 3년간 세연 대학교 졸업자를 우선 채용한 기업이 있었으나 세연 대학교의 신입생 수가 증가하지 않음.

웹툰 채색 스케치 매기다 소재

보기

하늘: 저는 인공 지능으로 만든 작품도 예술이라고 생각합니다. 한 작가가 인공 지능이라는 새로운 도구에 그림 자료를 입력해서 얻은 결과물이라고 봅니다.

주앙: 말씀하신 것처럼 작가는 기계에 자료를 입력했을 뿐인데 이것을 창작 활동**이라고 생각하십니까? 저는** 예술가가 자신의 영감을 바탕으로 아름다움을 독창적으로 표현해 낸 결과물을 예술이라고 부를 수 있**다고 생각합니다. 방금 말씀하신 내용은** 아이디어를 제공하거나 영감을 얻는 예술가의 모습을 찾아볼 수 없**다는 점에서 문제가 있다고 봅니다.** 인공 지능이 만든 것은 예술이 아니라 여러 자료를 조합해서 과거의 작품을 모방한 결과물일 뿐입니다. **실제로** 웹툰 제작**의 사례를 보면** 많은 사람들은 줄거리나 등장인물에 대한 아이디어를 제공한 사람을 작가라고 부릅니다. 하지만 그 사람의 아이디어에 따라서 채색이나 스케치 같은 기계적인 작업을 수행한 사람을 두고 작가라고 부르지 않습니다. 처음부터 끝까지 펜을 들고 작업을 하지 않았더라도 작품의 방향과 내용을 처음 생각해 냈다면 그 사람을 작가라고 인정하는 것입니다. 다시 말해 예술의 기본은 바로 창작의 영감이라고 할 수 있습니다. **이런 사례를 참고해 봤을 때** 인공 지능으로 만들어진 작품을 예술로 인정하기 어렵**다고 생각합니다.**

Ⅲ. 정리해 봅시다

토론의 사회자, 찬성 팀과 반대 팀을 정한 뒤 관심 있는 주제를 가지고 모의 토론을 진행해 봅시다.

남북의 현실

• 학습 목표: 문화 비평 글과 체험기를 쓸 수 있다.

Ⅰ. 준비해 봅시다

연세일보

실시간 주요뉴스

남북 정상 회담 개최,
"한반도 평화 통일의 기초가 되길"……해외 반응

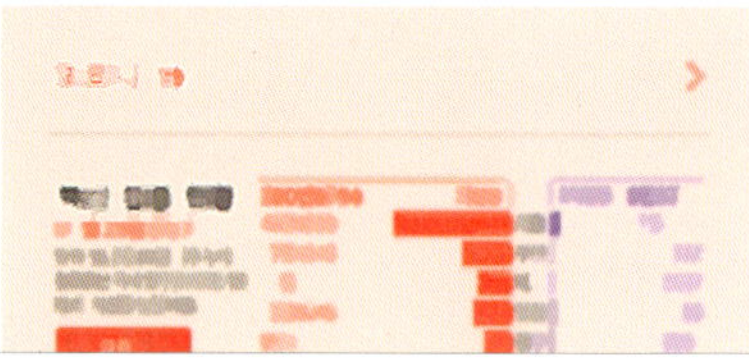

- 여러분은 남북한 분단의 역사에 대해서 알고 있습니까?
- 여러분은 남북한의 통일 가능성에 대해서 어떠한 견해를 갖고 있습니까?

쓰기1

II. 표현해 봅시다

1 보기 와 같이 써 봅시다.

보기

책 제목: 우리의 통일 이야기
저자: 이세연(한반도 통일 연구소 소장)
출간일: 2022년 12월
출판사: 서울 출판사

출판사 소개 글: 긴장과 대화가 반복되는 남북 관계의 역사를 소개함. 20년 넘게 통일 문제를 연구해 온 저자가 통일에 대한 견해를 밝힘.

서울 출판사에서 2022년 12월에 출간한 이세연 소장의 책 『우리의 통일 이야기』를 읽었다. 저자는 이 책에서 남북 관계를 자세하게 소개함과 동시에 국내 최고의 통일 문제 연구 기관인 한반도 통일 연구소의 소장으로서 통일에 대한 견해도 밝혔다.

1

책 제목: 사진으로 기록한 북한의 역사
저자: 박주영(한국 대학교 사학과 교수) 외 2인
출간일: 2020년 5월
출판사: 전국 대학 출판사

출판사 소개 글: 해외의 사진 작가, 기자, 일반인들이 찍은 북한 관련 사진이 수록됨. 북한 정부의 수립부터 2000년대 초반까지의 북한 모습을 찍은 사진들로 구성됨.

한국 대학교 사학과에 재직 중인 박재영 교수 외 2인이 쓴 『사진으로 기록한 북한의 역사』를 읽게 되었다. 2020년 5월에 전국 대학 출판사에서 출간한 이 책은 ____________________

____

____

____

출간하다 수록되다

2

영화 제목: 가족
감독: 이준호
개봉일: 2022년 1월
출연: 최하늘, 박윤아

제작사 소개 글: 부산의 한 가난한 가족이 아버지를 시작으로 한 명씩 일자리를 찾아 집을 떠나서 전국으로 흩어져 살게 되며 벌어지는 이야기

지난달에 이준호 감독의 〈가족〉을 봤다. ______________________

____

____

____

____

3

영화 제목: 진아의 하루
감독: 최주앙
개봉일: 2022년 9월
출연: 김지영

제작사 소개 글: ______________________

____

____

____

____

____

____

____

2 표현을 익혀 봅시다.

도움말

책이나 영화, 음악, 미술 작품 등을 직접 보거나 듣고 그 가치를 분석하고 평가하는 비평 글을 쓸 때에는 먼저 작품이 발표된 시기와 작가 등 대상 작품의 기본 정보를 소개한다. 다음으로 장단점과 특징 분석 등을 통해 작품을 세부적으로 평가하고 자신의 생각을 정리해서 적는다. 이때 해당 작품을 추천하고 싶은 대상과 추천 이유를 밝히는 것도 좋다.

대상 작품의 기본 정보 소개하기	• 뛰어난 문장력으로 각종 문학상을 휩쓸었던 김연세 **작가가** 오랜 침묵을 깨고 8년 만에 **신작을 냈다.** • **이 시집은** 이영주 작가의 등단 30주년을 기념하여 지금까지 가장 사랑받았던 시들을 모아서 **출간한 것이다.** • **김 감독은** 5년 전에 발생한 사건의 실제 주인공을 여러 번 인터뷰해서 실화**를 바탕으로 이 영화를 제작했다고 밝혔다.** • **이 책은** 저자가 대학교에 다니면서 겪은 문제들과 그것을 해결하면서 느낀 **내용을 담고 있다.** • **나는 평소에** 채식주의**에 관심이 있었는데** 같이 수업을 듣는 친구**의 추천으로 이 책을 읽게 되었다.**
세부적으로 평가하기	• **이 책의 가장 큰 장점은** 기존의 남북 문제 관련 서적에 비해 쉬운 용어로 알기 쉽게 그 역사를 설명했**다는 점이다.** • **이 그림은** 다양한 색채가 아름답게 조화를 이루고 있**다는 특징이 있다.** • **이 영화는** 대사가 지나치게 길어서 몰입을 방해한**다는 단점이 있다/다는 점이 아쉬웠다.** • 여러 단점**에도 불구하고 이 작품은** 특히 청년들에게 희망을 심어 준**다는 점에서 큰 의미가 있다고 평가할 수 있다.** • 작가와 비슷한 시기에 대학교를 다닌 사람이면 몰라도 그렇지 않은 사람**에게는 추천하고 싶지 않다.**

문장력 문학상 등단 실화 몰입

3 보기 와 같이 써 봅시다.

보기

비평 대상	책 『우리의 통일 이야기』
장단점 및 특징	• 6.25 전쟁 때문에 생긴 일반 사람들의 고통을 소개한 것이 특징임. • 통일 문제를 여러 관점으로 설명했다는 장점이 있음. • 각주가 너무 많아서 집중하기 어려운 부분이 있음.
평가	• 저자의 견해에 모두 동의하지는 않지만 전문가의 의견을 알 수 있어서 좋았음. • 통일에 대한 깊은 고찰을 원하는 독자에게 적합함.

서울출판사에서 2022년 12월에 출간한 이세연 소장의 책 『우리의 통일 이야기』를 읽었다. 저자는 이 책에서 남북 관계를 자세하게 소개함과 동시에 국내 최고의 통일 문제 연구 기관인 한반도 통일 연구소의 소장으로서 통일에 대한 견해도 밝혔다.

이 책의 가장 큰 특징은 그동안 외면해 왔던 6.25 전쟁 때문에 생긴 일반 사람들의 고통과 비극을 소개**한 점이다.** 이를 통해 6.25 전쟁에 대해서 더 잘 이해할 수 있었다. **이 책은** 통일 문제를 여러 관점으로 설명했**다는 큰 장점이 있지만** 학술적인 전문 용어가 많은 데다가 각주까지 많이 달려 있어서 읽을 때 집중하기가 어렵**다는 단점도 있다.** 개인적으로 이 책에서 저자가 밝힌 통일에 대한 견해에 모두 동의하지는 않지만 전문가의 의견을 자세히 들여다볼 수 있어서 좋았다. **이런 점에서** 이 책은 통일에 대한 깊은 고찰을 원하는 독자에게 도움이 될 것으로 보인다.

1

비평 대상	책 『사진으로 기록한 북한의 역사』
장단점 및 특징	• 많은 사진 덕분에 감춰져 있던 북한의 생생한 모습을 살펴볼 수 있다는 장점. • 500장이 넘는 사진 중에 최신 자료가 반영되지 않은 부분은 아쉬움.
평가	• 마치 역사 교과서를 읽는 듯한 느낌임. • 남북한의 관계나 통일에 대한 깊은 고찰을 원하는 사람에게는 추천하고 싶지 않음.

한국 대학교 사학과에 재직 중인 박재영 교수 외 2인이 쓴 『사진으로 기록한 북한의 역사』를 읽게 되었다. 2020년 5월에 전국 대학 출판사에서 출간한 이 책은 해외 사진 작가, 기자 등 여러 사람이 북한 정부의 수립부터 2000년대 초반까지의 북한 모습을 찍은 사진이 수록되어 있는 사진집이다.

이 책은 제목에서 알 수 있듯이 500장이 넘는 사진을 통해 북한에 대한 여러 정보를 생생하게 알 수 있**다는 장점이 있다.** 하지만 최신 자료가 반영되지 않아 현재 상황과 다른 부분이 있**다는 점은 아쉬웠다.**

2

비평 대상	영화 〈가족〉
장단점 및 특징	• 전 세계인이 공감할 수 있는 빈부 격차라는 소재 • 의상을 통해 빈부 격차를 표현한 것이 특별했음.
평가	• 현실적이면서 감동적인 대사가 많아서 이미 여러 분야에서 인용되고 있음. • 이준호 감독의 초기 작품처럼 밝은 분위기를 기대하는 사람에게는 추천하고 싶지 않음.

지난달에 이준호 감독의 〈가족〉을 봤다. 2022년 1월에 개봉한 이 영화는 최하늘, 박윤아 두 배우가 주연을 맡아서 가난한 한 가족이 일자리를 찾아 부산을 떠나 전국으로 흩어지게 되는 내용을 연기해서 호평을 받았다.

호평을 받다

3

비평 대상	최근에 본 인상 깊었던 영화
장단점 및 특징	• ______ • ______
평가	• ______ • ______

Ⅱ. 표현해 봅시다

1 보기 와 같이 써 봅시다.

보기

제목	비무장 지대(DMZ) 탐방 후기
기본 정보	• 2월 5일 / 경기도 파주 임진각 관광지
체험 내용	• 어학당 친구들과 함께 감. • 한국 현대사 수업을 듣고 북한 문제에 관심이 생김. • 약 3시간 동안 임진각 → 통일대교 → 도라전망대 → 옛 감시 초소를 순서대로 둘러봄.

지난 2월 5일 한국어를 함께 배우는 어학당 친구들과 함께 경기도 파주 임진각 관광지에 다녀왔다. 지난 학기에 한국 현대사 수업을 들은 후 북한 문제에 관심이 생겨서 방학 때 비무장 지대 탐방을 예약했다. 비무장 지대 탐방은 약 3시간 정도가 걸리는데 임진각에서 시작해서 버스를 타고 통일대교를 건너 도라전망대에 도착하면 북한 땅을 볼 수 있다. 마지막으로 2018년에 맺어진 협정에 따라 철거된 옛 감시 초소를 둘러보고 귀가하는 순서로 진행됐다.

1

제목	국립 통일 교육원 〈온라인 통일 교육〉 수강 후기
기본 정보	• 3월 4일 ~ 3월 25일, 매회 3시간씩 15회, 총 45시간
체험 내용	• 공무원으로 임용되어 필수로 이 교육을 받아야 했음. • 통일 정책, 북한 이해, 국제 정세, 인문 교양, 문화 관광이라는 5개의 과목으로 구성됨. • 교육원 소속 교수 및 국내외 북한 전문가가 강의함.

3월 4일부터 25일까지 3주 동안 매일 9시에 출근하여 세 시간 동안 국립 통일 교육원의 〈온라인 통일 교육〉을 수강했다. 나는 공무원으로 임용이 되었기 때문에 필수로 이 교육을 받아야 했다. 이 교육은 ____________________

____

____

____

협정 감시 초소 철거 정세 인문 교양

2

제목	정기 꽃 배달 서비스 〈새벽의 꽃〉 이용 후기
기본 정보	• 3월부터 9월까지 총 6개월간 / 우리 집
체험 내용	• 집 안 분위기를 바꾸고 싶어서 이용함. • 서비스를 신청하면 매주 둘째, 넷째 월요일에 새로운 꽃을 집으로 배달해 줌. • 배달되는 꽃의 특성과 관리법이 적힌 안내문도 함께 들어 있음.

3

제목	연세 체육관 〈개인별 맞춤 운동 과정〉 체험 후기
기본 정보	• 매회 1시간씩 주 3회, 1월부터 10월까지 10개월 동안
체험 내용	• 체중을 감량하고 체력을 키우기 위해 등록함. • ________ • ________

2 표현을 익혀 봅시다.

도움말

후기란 자신이 어떤 일을 체험한 후에 남기는 글이다. 특별한 물건이나 서비스의 이용, 여행 일정, 교육 수강 등 여러 가지를 직접 체험한 후에 쓸 수 있다. 먼저 체험한 대상의 기본 정보와 내용을 정확하게 밝히는 것이 좋다. 그리고 체험을 통해 느낀 점을 상세하게 소개하도록 한다. 특별히 좋았던 점이나 나빴던 점은 물론 새로 알게 된 점, 체험 이후의 변화, 추천 여부 등 다양한 이야기를 할 수 있다.

체험 정보 및 내용 소개하기	• **이 서비스는** 2주에 한 번씩 집으로 그 시기에 가장 싱싱하고 예쁜 꽃을 배달해 주**는 것이다.** • 도장 만들기는 북촌 한옥 마을 안내소**에서 매주** 수**요일** 오전 10시**부터** 선착순 10명에 한해 무료로 **체험이 가능하다.** • 복지관의 상담사 교육 과정**은 여러 종류가 있는데 그중에서 내가 신청한 것은** 평일 오전반 수업**이었다.** • 평소에 이 서비스에 관심이 있었는데 마침 30% 할인 **행사를 해서 이용하게 되었다.** • 이 여행사를 통해 같은 일정으로 먼저 여행을 다녀온 친구**가 추천을 해서 나도** 같은 프로그램을 **신청했다.**
체험 후 느낀 점 서술하기	• **이 서비스를 신청한 이후** 꽃이 주는 긍정적인 에너지가 얼마나 강한지 **알게 되었다.** • 1일 농부 체험**을 통해** 날마다 상 위에 오르는 음식의 소중함**을 느꼈다.** • S사 화장품 사전 체험단 활동**을 하면서** 제품의 성분만큼 디자인도 중요하다는 것**을 깨달았다.** • **내가 이용한** 침구 교체 **서비스는** 비싼 가격을 생각하면 **크게 만족스럽지 않다.** • 이곳의 교육 과정**에 만족하고 있으며** <u>**주위 사람들에게도 적극적으로 추천할 것이다/다음에도 신청하고 싶다.**</u>

3 보기 와 같이 써 봅시다.

보기

제목	비무장 지대(DMZ) 탐방 후기
느낀 점	• 곳곳에서 군인들이 신분증을 계속 확인해서 긴장됐음. • 안개 때문에 북한 땅이 보이지 않아서 아쉬웠음. • 임진각에서 본 남북 정상의 악수 사진이 인상적이었음. • 탐방 후 수업에서 배운 내용을 더 잘 기억할 수 있음.

지난 2월 5일 한국어를 함께 배우는 어학당 친구들과 함께 경기도 파주 임진각 관광지에 다녀왔다. 지난 학기에 한국 현대사 수업을 들은 후 북한 문제에 관심이 생겨서 방학 때 비무장 지대 탐방을 예약했다. 비무장 지대 탐방은 약 3시간 정도가 걸리는데 임진각에서 시작해서 버스를 타고 통일대교를 건너 도라전망대에 도착하면 북한 땅을 볼 수 있다. 마지막으로 2018년에 맺어진 협정에 따라 철거된 옛 감시 초소를 둘러보고 귀가하는 순서로 진행됐다.

가는 곳마다 군복을 입은 군인들이 탐방객들의 신분증을 확인했는데 그럴 때마다 나는 괜히 긴장이 됐다. 원래는 전망대에서 북한 땅을 볼 수 있다고 했지만 내가 간 날은 안개 때문에 잘 보이지 않아서 아쉬웠다. **다음에** 날씨가 좋은 날에 **다시 오고 싶다.** 임진각에서 본 남북 정상 회담 당시 두 정상이 만나 악수하는 사진이 인상적이었다. **이번** 비무장 지대 탐방**을 통해** 수업 시간에 배운 내용을 이제 더 잘 기억할 수 있겠**다는 생각이 들었다.**

1

제목	국립 통일 교육원 〈온라인 통일 교육〉 수강 후기
느낀 점	• 처음에는 큰 관심이 없었으나 '북한 이해'라는 과목을 들으며 점점 흥미를 갖게 됨. • 북한 여성들도 패션에 관심이 많다는 것을 알게 됨. • 이산가족과 관련된 내용을 배울 때 안타까웠음. • 앞으로 북한 관련 뉴스를 열심히 봐야겠다고 결심함.

3월 4일부터 25일까지 3주 동안 매일 9시에 출근하여 세 시간 동안 국립 통일 교육원의 〈온라인 통일 교육〉을 수강했다. 나는 공무원으로 임용이 되었기 때문에 필수로 이 교육을 받아야 했다. 이 교육은 통일 정책, 북한 이해, 국제 정세, 인문 교양, 문화 관광이라는 총 5개 과목으로 구성되어 있었다. 모든 과목은 국립 통일 교육원에 소속된 교수와 국내외의 북한 전문가들이 맡아서 가르쳤다.

솔직히 북한이나 통일 문제에 관심이 없어서 교육이 지루할 것이라고 예상했지만 3일 차에 진행된 '북한 이해'라는 과목을 들으면서 점점 흥미를 갖**게 되었다.** ______________________

____

____

____

____

2

제목	정기 꽃 배달 서비스 〈새벽의 꽃〉 이용 후기
느낀 점	• 각 계절별로 피는 꽃에 대해 자세히 알게 됨. • 꽃의 종류와 크기에 따라서 꽃병도 줘서 편리함. • 꽃으로 인해서 집 안 분위기가 밝아지고 기분도 좋아짐. • 어머니 생신 선물로 이 서비스를 신청해 드릴 예정임.

나는 집 안 분위기를 밝게 바꾸고 싶어서 3월부터 9월까지 6개월간 〈새벽의 꽃〉 서비스를 이용하게 되었다. 〈새벽의 꽃〉 서비스를 신청하면 매주 둘째, 넷째 월요일마다 새로운 꽃, 그리고 그 꽃에 대한 특성과 관리법을 자세히 적은 안내문이 함께 집으로 배달된다.

____

____

____

____

____

____

쓰기 2

Ⅱ. 표현해 봅시다

3

제목	최근에 이용한 경험이 있는 서비스나 여행사 프로그램
느낀 점	• • • •

Ⅲ. 정리해 봅시다

여러분이 한국어학당에서 수강한 한국어 교육 과정이 어땠습니까? 각자 경험을 바탕으로 수강 후기를 써 봅시다.

복습

1 아래 비평 글을 읽고 친구들과 토론해 봅시다.

정민수 평론가의 『세계 10대 영화』를 읽고

한국 출판사에서 얼마 전에 출간한 정민수 평론가의 책 『세계 10대 영화』를 읽었다. 국내에서 가장 유명한 영화 평론가 중 한 명인 저자는 이 책에서 6편의 할리우드 장편 영화를 비롯해서 2편의 독립 영화와 2편의 한국 영화를 뛰어난 작품이라고 평가했다.

그런데 저자가 최고라고 꼽은 영화 가운데 범죄를 저지른 감독이 만든 영화가 포함되어 있어서 논란이 예상된다. 책에서 저자는 감독의 개인적인 사정과는 별개로 영화는 그 자체로만 평가받아야 한다는 견해를 밝혔다. 감독의 범죄 사실 때문에 이런 명작이 외면받아서는 안 된다고도 했다. 그러나 나는 영화에는 감독의 세계관이 담겨 있으므로 범죄를 저지른 감독의 창작물은 영화로 인정하지 말아야 한다고 본다. 피해자를 생각해서라도 이런 영화는 다시 세상에서 주목을 받아서는 안 된다. 개인적으로 저자가 꼽은 나머지 9편의 영화에 대한 소개는 흥미롭게 읽었지만 위 내용 때문에 이 책을 주위 사람에게 추천하지 않고 있다.

토론 주제	범죄자의 창작물을 뛰어난 예술 작품으로 인정하는 문제	
나의 의견	찬성 □	반대 □
이유	• • •	• • •

2 토론을 한 후 자신의 의견을 요약 정리해서 써 봅시다.

남북 단일팀

남북 단일팀이란 국제 운동 경기에 남한과 북한이 하나의 팀으로 출전하는 것을 말한다. 1945년 분단 이후 지금까지 모두 다섯 번의 남북 단일팀을 구성하여 경기에 출전한 적이 있다. 이때 사용한 공식적인 팀 이름은 '코리아'였고 태극기와 인공기가 아닌 흰색 바탕에 하늘색으로 한반도 모양이 새겨진 '한반도기'를 사용하였으며 국가 대신에 '아리랑'이 연주됐다.

남북 단일팀은 1991년 일본 지바에서 열린 세계 탁구 선수권 대회에 처음으로 출전했는데 이 대회에서 여자 팀이 단체전 우승을 하며 전 국민에게 깊은 인상을 남겼다. 이때의 감동적인 실화를 바탕으로 2012년에 '코리아'라는 영화가 제작되기도 했으며 아직까지도 남북 단일팀에 대해서 이야기할 때 여자 탁구 팀 우승은 빠지지 않고 등장하는 소재이다. 뒤이어 1991년 세계 청소년 축구 선수권, 2018년 평창 동계 올림픽 여자 아이스하키, 세계 탁구 선수권 여자 탁구, 자카르타-팔렘방 아시안 게임 농구·카누·조정 경기에 남북 단일팀을 구성하여 출전했다.

그러나 늘 수월하게 남북 단일팀이 구성된 것은 아니다. 남북 단일팀 구성 협상은 여러 차례 좌절되다가 2018년 평창 동계 올림픽에서 공동 입장과 단일팀 구성이 성사됐다. 남북 단일팀의 역사는 남한과 북한의 복잡한 군사·정치적 관계에 영향을 받아 왔다. 통일에 대한 사람들의 인식도 변화하고 있는 만큼 남북 단일팀 구성을 추진하는 일에 더 깊은 고민과 대화가 필요하다.

출전하다 태극기 인공기 단체전 성사되다

17과 인간과 환경

• 학습 목표: 조사하거나 연구한 결과를 정리한 보고서 내용을 발표할 수 있다.

I. 준비해 봅시다

초미세 먼지 저감 강력 추진 필요

해양 쓰레기 3년 새 30배 증가

- 최근 여러분이 환경 문제에 대해서 생각해 보게 된 계기는 무엇이었습니까?
- 우리가 지구의 환경을 위해서 생활 속에서 실천할 수 있는 일에는 어떤 것들이 있습니까?

1 보기 와 같이 이야기해 봅시다.

보기
- 보고 주제: 일회용품 사용 현황과 소비자 인식 조사
- 조사 방법: 일회용품 사용 현황 조사, 고객 대상 설문 조사
- 보고 순서: 1. 조사 개요
  2. 일회용품 사용 현황
  3. 소비자 인식 조사
  4. 문제점
  5. 개선 방안

①
- 보고 주제: 미세 먼지 현황 조사와 미세 먼지 대응 방안
- 조사 방법: 연구 자료 조사, 전문가 자문
- 보고 순서: 1. 미세 먼지의 종류
  2. 미세 먼지 발생 현황
  3. 미세 먼지가 끼치는 악영향
  4. 미세 먼지 대응 방안

②
- 보고 주제: 커피 찌꺼기 폐기물 현황 조사와 활용 방안
- 조사 방법: 서울 지역의 30개 커피 체인점 지점장 인터뷰 조사, 관련 자료 조사
- 보고 순서: 1. 커피 찌꺼기 폐기물 발생 현황
  2. 커피 찌꺼기 폐기물 배출 현황
  3. 커피 찌꺼기 폐기물 처리의 문제점
  4. 커피 찌꺼기 활용 방안

자문　배출

3

- 보고 주제: 국내 화장품의 오프라인 매장 내 매출 감소 원인과 매출 증대 방안
- 조사 방법: 주요 10개 매장 매출 분석 자료 조사, 고객 대상 설문 조사
- 보고 순서: 1. 국내 화장품 오프라인 매장 현황
  2. 주요 매장의 매출 분석
  3. 소비자 요구 분석
  4. 매출 증대 방안

보기

회사 선배: 김우진 씨, 지난주에 진행된 소비자 인식 조사를 잘 마쳤나요?

우진: 네, 국내 일회용품 사용 현황 조사를 하고 매장 이용 고객을 대상으로 설문 조사를 진행해서 잘 마쳤습니다.

회사 선배: 현장에 나가서 직접 조사해 보니까 어떻던가요?

우진: 실제로 조사를 해 보니까 일회용품 과다 사용의 심각성을 체감할 수 있었습니다. 아, 그리고 현재 보고서 작성 중입니다.

회사 선배: 안 그래도 과장님께서 다음 주까지 보고서를 준비하라고 지시하셨으니까 보고서가 완성되면 내용을 간단하게 정리해서 파워포인트를 만들도록 하세요. 보고서 작성하는 데에 특별히 어려운 점은 없나요?

우진: 사실 보고서 발표 순서가 좀 고민입니다.

회사 선배: 너무 어렵게 생각하지 마세요, 조사 개요와 일회용품 사용 현황에 대해서 먼저 보고하고 나서 소비자 인식 조사 결과를 한눈에 볼 수 있게 표나 그래프로 간단히 정리하면 됩니다.

우진: 그다음에는 문제점과 개선 방안 순으로 진행하면 될까요?

회사 선배: 네, 그렇게 진행하시면 됩니다.

증대

2 표현을 익혀 봅시다.

도움말

어떤 주제에 대하여 조사하거나 연구한 결과를 정리한 것을 보고할 때에는 보고를 받는 사람이 짧은 시간 내에 듣고 이해할 수 있도록 쉽고 간단하게 발표해야 한다. 이해를 돕기 위해서 표나 그래프, 그림 등의 보조 자료를 적절히 사용하는 것이 좋다. 그리고 시작 단계에서 '이 보고를 왜 해야 하는가?'에 대한 답으로 현재 상황, 문제를 인식하게 된 배경, 보고의 필요성 등의 내용을 담아 추진 배경을 설명해야 한다.

보고 시작하기	• **안녕하십니까? 지금부터** 미세 먼지 현황**과** 미세 먼지 대응 방안**에 대해서 보고드리도록 하겠습니다.** • **지금부터** 전자파의 위험성**에 대한 연구 결과를 보고드리겠습니다.** • 흡연과 음주가 혈관에 끼치는 영향**에 대해서 보고드리고자 합니다.** • **먼저** 미세 먼지의 종류**와** 현황, **아울러** 미세 먼지가 일상생활에 끼치는 악영향**에 대해서 말씀드리고 마지막으로** 미세 먼지 대응 방안**을 제시하는 순으로 보고드리도록 하겠습니다/보고하고자 합니다.**
추진 배경 설명하기	• 서울의 초미세 먼지량이 세계보건기구(WHO)의 초미세 먼지 권고 수준의 5배를 초과한다는 결과가 보고되면서 초미세 먼지로 인한 대기 오염 **문제가 사회적인 이슈로 대두되고 있습니다/부각되고 있습니다. 이에 해결 방안을 살펴보고자 합니다.** • **최근 우리 사회에서는** 평생 교육의 필요성**에 대한 논의가 활발하게 이루어지고 있습니다.** • **요즘** 미세 플라스틱으로 인한 해양 오염 문제**가 심각한 사회 문제로 떠오르고 있어서 대책 논의가 시급합니다.** • **여러분도 알다시피 최근** 기부금 입학 제도**가 논란이 되면서 관련 제도 개선을 요구하는 목소리가 높습니다.**

초과하다 부각되다

3 보기 와 같이 이야기해 봅시다.

보기 보고 주제: 국내 일회용품 사용 현황과 소비자 인식 조사

〈조사 추진 배경〉

- 최근 매장별 일회용품 사용량이 작년 대비 8% 증가
- 일회용품의 폐기물 발생이 증가함에 따라 환경 오염 문제 심각
- 카페와 패스트푸드점의 일회용품 사용 규제를 강화할 예정

→ 회사 차원의 개선 방안 마련 시급

매장별 연간 일회용품 평균 사용량	
비닐 봉투	38,000개
일회용기	32,000개
일회용 숟가락, 포크	15,000개
플라스틱 컵	23,000개

1 보고 주제: 미세 먼지 현황 조사와 미세 먼지 대응 방안

〈조사 추진 배경〉

- 서울 지역 초미세 먼지 농도가 역대 최고치를 기록
- 최근 호흡기 환자 2배 이상 급증
- 세계보건기구(WHO)에서도 1급 발암 물질로 규정

→ 정부 차원의 미세 먼지 대응 방안 마련 절실

〈서울의 미세 먼지 현황 (단위:㎍/㎥마이크로그램)〉

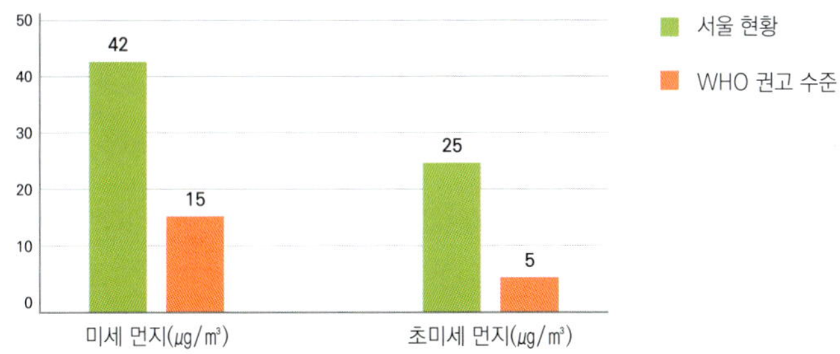

2 보고 주제: 커피 찌꺼기 폐기물 현황 조사와 활용 방안 연구

〈조사 추진 배경〉

- 작년 기준 15만 7천 톤의 커피 찌꺼기 발생
- 커피 원두 중 0.2%만 사용되고 나머지 99.8%는 모두 쓰레기로 버려짐.
- 커피 찌꺼기가 대부분 매립되어 토질 오염과 환경 오염이 우려됨.

→ 정부 차원의 커피 찌꺼기 폐기물 활용 방안 모색 시급

농도　역대　최고치　규정　발암 물질

〈커피 찌꺼기 폐기물 발생 현황〉

③ 보고 주제: 독거노인의 증가 원인과 문제점 및 해결 방안

〈조사 추진 배경〉

- 최근 5년 동안 독거노인의 수가 30% 증가함.
- 부양 가족 없는 노인 사망자 두 배 급증
- 노인 관련 문제가 심각한 사회 문제로 대두됨.

→ 정부 차원의 독거노인 관련 지원 및 정책 마련 절실

〈국내 65세 이상 독거노인 현황 및 전망〉

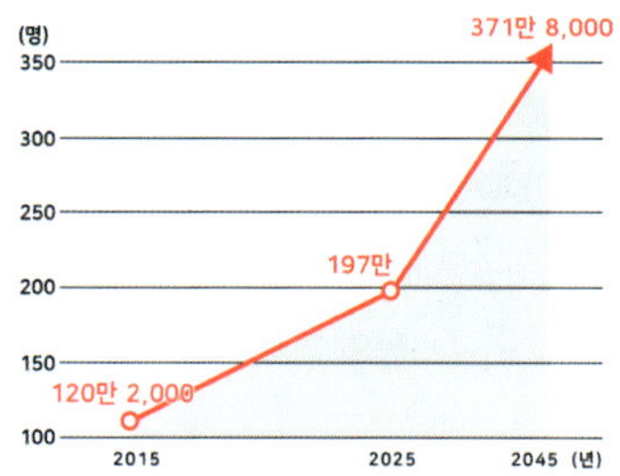

보기

김우진: **안녕하십니까?** 기획 팀의 김우진**입니다. 최근** 우리 본사가 운영하는 매장 내 일회용품 사용량이 급증하**면서** 연일 최고치를 갱신하**고 있습니다.** 일회용품의 무분별한 사용으로 폐기물 발생이 증가함에 따라 환경 오염 악화**가 심각한 사회 문제로 부각되고 있습니다. 뿐만 아니라** 정부에서도 카페와 패스트푸드점에 대한 일회용품 사용 규제를 강화할 움직임을 보이**고 있습니다.** 이러한 시류를 감안할 때 우리 회사 차원의 대처 방안 마련이 시급하다고 봅니다. 이에 기획 팀에서 일회용품 사용 현황과 소비자 인식 조사를 시행하였습니다.

먼저 매장별 연간 일회용품 평균 사용량**에 대해서 보고드리겠습니다. 조사 결과에 따르면** 비닐 봉투 38,000개, 일회용기 32,000개, 일회용 숟가락 및 포크가 15,000개, 플라스틱 컵이 23,000개로 작년 대비 8%가 증가**한 것으로 나타났습니다.**

갱신하다 시류

II. 표현해 봅시다

1 보기 와 같이 이야기해 봅시다.

보기 보고 주제: 일회용품 사용 현황과 소비자 인식 조사

〈일회용품 과다 사용에 따른 문제점〉

- 생활 쓰레기가 급증함에 따라 수도권 매립지가 한계에 다다름.
- 일회용품 매립 시 분해 시간이 오래 걸려 심각한 토질, 환경 오염 초래
- 일회용품에서 나온 미세 플라스틱은 최종적으로 인간의 건강을 위협

① 보고 주제: 미세 먼지 현황 조사와 대응 방안

〈미세 먼지 관리의 문제점〉

- 미세 먼지에 대한 현장의 단속, 관리 체계가 미흡함.
- 미세 먼지 배출원의 과학적이고 체계적인 관리 미흡, 원인 규명 부족
- 미세 먼지 예보 정확도가 낮아 경보 실효성이 떨어짐.

② 보고 주제: 식품 과대 포장의 문제점과 대책

〈과대 포장에 따른 문제점〉

- 불필요한 과대 포장 증가로 환경에 악영향을 끼침.
- 품질이 아닌 포장으로 제품 구매를 유도하여 현명한 소비 방해
- 과대 포장으로 인한 원가 상승 부담을 소비자들이 떠안게 됨.

③ 보고 주제: 국내 전기 자동차 판매 부진의 문제점과 해결 방안

〈전기 자동차 판매 부진의 문제점〉

- 전기 자동차 전용 정비소나 전기 자동차 충전소 등 인프라 부족
- 전기 자동차 전용 리튬 이온 배터리의 비싼 가격으로 경제적인 부담
- 전기 자동차 구매 시 보조금 지급 방식 문제 - 준비 서류가 까다롭고 보조금 지급 방식이 지역에 따라 달라 소비자들에게 혼란을 줌.

보기

지금부터 문제점에 대해서 보고드리겠습니다. 일회용품은 편리함이 큰 장점이지만 **문제는** 이러한 편리함 때문에 심각한 환경 오염**을 초래한다는 사실입니다.** 일회용품을 제대로 분리하지 않아 생활 쓰레기가 급증하면서 수도권 매립지는 한계에 직면했습니다. 버려진 일회용품 쓰레기는 매립 시 분해되는 시간이 오래 걸려 심각한 토질 오염과 환경 오염을 초래할 **뿐만 아니라** 인간의 건강까지 위협한**다는 문제점이 있습니다.** 강과 바다의 생물들이 강과 바다로 유입된 미세 플라스틱을 먹이로 오인해서 먹게 되고 결국 마지막 단계에서 인간이 섭취하게 되는 겁니다. 이렇게 인체에 흡수된 미세 플라스틱은 호흡기 질환을 유발**할 뿐만 아니라** 피부 자극, 심혈관 질환, 소화기 문제 및 생식 기능 등에도 악영향을 주**는 것으로 나타났습니다.**

매립지　다다르다　유도하다　떠안다　분해　충전소　인프라　보조금　오인하다

2 표현을 익혀 봅시다.

도움말

보고할 때는 조사한 결과와 연구 내용을 바탕으로 문제점을 밝히고 앞으로 '무엇을 해야 하는가?'에 대한 답으로 해결 방안 혹은 개선 방안을 보고한다. 그리고 마무리 단계에서는 간단히 본론 내용을 요약하고 전망이나 기대 효과, 조치 사항을 말한다.

문제점과 개선 방안 제시하기	• 미세 먼지**가** 호흡기 질환, 혈관, 뇌 질환을 증가시킬 **뿐만 아니라** 산모가 장시간 대기 오염에 노출되었을 때 태아의 건강에**도 악영향을 주는 것으로 나타났습니다.** • 새로운 육아 정책**이** 맞벌이 부부들에게 현실적으로 도움이 되지 못한**다는 문제점이 있습니다.** • **문제는** 정책이나 제도**에 비해서** 현장의 단속 및 관리 체계**가 상대적으로 미흡해 실효성이 떨어진다는 사실입니다.** • 청년 주거 문제**를 해결하기 위해서는/개선하기 위해서는** 정부 차원에서 공용 주거 공간**을 더 확충해야 한다고 생각합니다.** • 국민들의 막연한 불안감을 해소하고 올바르게 대응할 수 있는 **대책을 시급히 마련해야 한다고 봅니다.**
기대 및 전망 제시하기	• **앞으로** 인공 지능을 기반으로 지하철의 초미세 먼지 배출량을 실시간 감시하고 초미세 먼지 저감 기술 개발**을 통해** 국민의 건강을 책임**질 계획입니다.** • **앞으로** 정부와 민간 기업이 함께 방안을 모색한**다면** 탄소 중립 목표를 이루어 나**갈 수 있을 것으로 전망합니다.** • 과학적인 근거에 기반해 근본적인 원인을 파악하고 **이를 통해** 효율적인 정책과 방안을 마련**할 수 있을 것으로 기대합니다.** • **향후** 종합 계획**이** 잘 실행된**다면** 연간 조기 사망자 수가 약 18% 정도 감소**될 것으로 추정됩니다.**

조치　확충하다　막연하다　저감 기술　탄소 중립　향후　추정되다

3 보기와 같이 이야기해 봅시다.

보기	보고 주제: 일회용품 사용 현황과 소비자 인식 조사
개선 방안	• 포장, 배달 전문용 친환경 다회용기 자체 제작 • 소비자 인식 개선과 다회용기 수거 관리 시스템 구축 • 다양한 혜택 제공 - 일회용품 미사용 시 할인 혜택, 쿠폰 제공 - 다회용기 반납 시 에코백 또는 텀블러 증정 행사
기대 및 전망	• 친환경 기업 이미지를 부각, 장기적으로 비용 절감 효과 기대 • 일회용품 사용 자제 기대

1	보고 주제: 미세 먼지 현황 조사와 대응 방안
개선 방안	• 미세 먼지 관련 전문 인력 강화, 전문 환경 감시 기관 확대 • 미세 먼지의 발생 원인을 과학적이고 체계적으로 규명하고 저감 방안 연구 강화 • 미세 먼지 예보 정확도를 위한 연구, 고농도 미세 먼지 발생 시 민감 계층 건강 보호 최우선 대책 시행
기대 및 전망	• 미세 먼지로 인한 질병 감소로 의료비 지출 절감 효과 • 연간 조기 사망자 수 약 24,000명 감소 기대

2	보고 주제: 식품 과대 포장의 문제점과 대책
개선 방안	• 과대 포장을 제한할 수 있는 정부의 관련 법규 마련 • 포장 부피와 포장재 최소화 노력 • 친환경 포장재 또는 식용 포장재 이용
기대 및 전망	• 과대 포장으로 인한 불필요한 소비 절감 효과 • 과대 포장으로 인한 쓰레기 배출 감소 기대

3	보고 주제: 국내 전기 자동차 판매 부진의 문제점과 해결 방안
개선 방안	• 충전소 추가 설치와 전기 자동차 관련 정비 교육 필요 • 리튬 이온 배터리의 효율 극대화 방안 연구 • 보조금 지급 관련 서류의 간소화
기대 및 전망	• 국내 일반 소비자의 전기 자동차 구매 증가 • 대기 오염 문제의 해결 기대

구축 다회용기 민감 계층 포장재

말하기 2

Ⅱ. 표현해 봅시다

보기

지금부터 일회용품 과다 사용 문제를 개선할 수 있는 방안**에 대해서 보고드리겠습니다.** 일회용품 과다 사용 **문제를 개선하기 위해서는** 회사 차원에서 포장, 배달 전문용 친환경 다회용기를 자체 제작**해야 한다고 봅니다.** 물론 초기 투자 비용이 부담되고 시스템 구축까지 어려움이 예상되지만 이를 통해 **앞으로** 친환경 기업이라는 이미지를 부각시킬 수 있으며 장기적으로 봤을 때 비용 절감의 효과까지 얻을 수 **있을 것으로 기대됩니다.** 또한 다회용기가 깨끗하고 위생적으로 관리되고 있다는 홍보를 통해 다회용기에 대한 소비자들의 부정적인 인식을 개선하고 사용 후 잘 수거**될 수 있도록** 관리 시스템을 구축**해야 합니다.** 그리고 다회용기 반납 시 쿠폰을 제공하거나 포인트를 지급하는 것과 연계하여 에코백이나 텀블러 증정 행사를 펼친**다면** 비닐 봉투와 일회용 플라스틱 컵의 사용을 줄이**는 데에 도움이 될 것으로 기대됩니다.** 또한 소비자들이 좀 더 적극적으로 소비자들이 일회용품 사용을 줄일 수 있도록 여러 가지 혜택을 **마련할 필요가 있습니다.** 예를 들어 배달 혹은 포장 손님들이 일회용 숟가락과 젓가락을 요구하지 않을 시 다음 주문을 할 때 이용할 수 있는 할인 혜택을 준다거나 쿠폰을 제공**함으로써** 일회용품 사용을 줄일 수 있**을 것으로 전망됩니다.**

Ⅲ. 정리해 봅시다

여러분은 하루에 일회용품을 얼마나 사용합니까? 일회용품 사용을 대체할 수 있는 방법에 대해서 이야기해 봅시다.

연계하다

18과 한국의 문학과 예술

• 학습 목표: 다양한 작품을 감상하고 느낀 점을 쓸 수 있다.

Ⅰ. 준비해 봅시다

- 문학 작품이나 예술 작품을 보고 감동을 받은 적이 있습니까? 어떤 점이 감동적이었습니까?
- 여러분 나라에 세계적으로 유명한 작가나 예술가가 있습니까?

쓰기1

1 보기 와 같이 써 봅시다.

감상 동기	보기 이중섭 전시회 • 수업에서 한국의 미술에 대해서 배운 후 한국 미술에 관심이 생김. • 한국의 대표적인 서양화가 이중섭의 개인전 소식을 들음.

어린 아이의 마음을 가진 화가

-이중섭 전시회를 보고 와서-

얼마 전 수업 시간에 한국 미술에 대해서 배웠다. 평소에 그림이나 조각 같은 미술을 접할 기회도 많지 않고 아는 것도 별로 없어서 전시회를 본 적이 손에 꼽을 정도였다. 수업 시간에 선생님의 설명을 들으며 작품을 보니까 이해하기도 쉽고 재미도 있어서 한국 미술에 관심이 생겼다. 마침 뉴스에서 한국의 대표적 서양화가인 이중섭의 개인전이 열린다고 해서 전시회에 다녀왔다.

감상 동기	① 나혜석 전시회 • 미술 작품을 설명해 주는 책에서 나혜석의 그림을 처음 접함. • 그림을 직접 보고 싶어서 수원 미술관에 위치한 나혜석 홀에 다녀옴.

그녀는 무슨 생각을 하고 있을까

-나혜석의 전시회를 다녀 와서-

최근 몇 주째 서점가 예술 분야에서 1위를 차지하고 있는 책이 있다고 해서 호기심으로 책을 구입했다. 이 책은 한국에서 잘 알려진 화가에 대해서 그림과 함께 설명해 주는 내용이었다. 책장을 넘기면서 그림과 설명을 훑어보는데 한 여인을 그린 작품이 눈길을 끌었다.

손에 꼽다　눈길을 끌다　승려

감상 동기	❷ 한용운 시화전 • 〈한국 문학의 이해〉 수업 시간에 배움. • 승려이자 시인, 독립운동가였던 독특한 이력의 저자에게 관심이 생김. • 세연 문화원에서 한용운 시화전이 열린다는 소식을 듣고 방문

사랑이란 이런 것

-한용운의 시화전을 다녀 와서-

〈한국 문학의 이해〉라는 수업 시간에 한국의 시를 읽었다. 교수님께서 여러 시인의 다양한 시를 소개해 주셨다. 한국의 시인은 윤동주나 김소월 정도만 들어봤지 한용운이라는 시인은 처음 들었다.

감상 동기	❸ 서소문 성지 역사 박물관 • 서울역 근처를 산책하다가 우연히 발견 • SNS에서 이곳을 배경으로 찍은 멋진 사진을 많이 봄.

마음의 위안을 얻다

- 서소문 성지 역사 박물관을 다녀와서-

성지

2 표현을 익혀 봅시다.

도움말

감상문은 문학 작품을 읽거나 연극, 영화, 예술 작품 등을 보고 난 후의 생각과 느낌을 쓰는 글이다. 감상문에는 특정한 형식이 없지만 작품을 감상하게 된 동기나 인상적인 장면, 감동받은 문장을 쓰고 작품과 작가에 대한 소개로 감상문의 도입을 시작한다.

감상 동기 쓰기	• 한국 근대 서양화 전시회를 **볼 기회가 생겼다.** • 우연히 도서관에서 윤동주 시인의 시집**을 읽게 되었다.** • 선배**의 추천으로** 판소리 공연을 보고 왔다. • **현장 학습으로** 국립 중앙 박물관의 한국 서예 특별전**을 보러 갔다.**
작품 및 작가 소개 쓰기	• 이중섭**은** 한국의 대표적인 근대 서양화가**이다.** • **이 시를 지은 작가는** 한국의 대표 시인으로 알려진 윤동주**이다.** • **이번에 본 영상은** 경주 지역에 남아 있는 유적을 보여 주면서 그 유적에 관한 불교의 역사를 함께 설명하**는 내용이었다.** • **이 작품은** 조선 시대 화가인 겸재 정선**의 대표작 중 하나이다.** • **이 영화는** 한국 전쟁**을 배경으로** 가족 간의 사랑**을 다룬 작품이다.**

3 보기 와 같이 써 봅시다.

보기

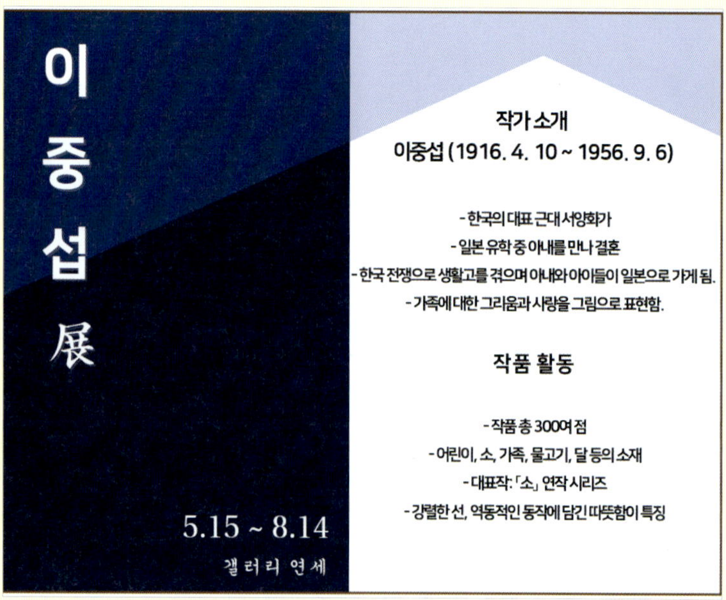

한국인들이 가장 사랑하는 화가 중 한 명인 **이중섭은** 박수근, 김환기와 함께 한국 근대 서양화의 **대표 화가**이다. 한국 사람이라면 그림을 잘 모르는 사람이라고 해도 '이중섭'이라는 이름이나 그의 대표작은 접한 적이 있을 것이다. 이중섭은 일본 유학 중 일본인 아내를 만나 결혼하였다. 이중섭은 한국 전쟁이 나자 생활고를 겪게 되고 결국 아내와 아이들을 일본으로 떠나 보내게 된다. 생활고 때문에 가족을 떠나보낸 이중섭은 가족에 대한 사랑과 그리움을 그림으로 표현하였고 가족은 그의 작품에서 큰 소재 중 하나가 된다.

총 300여 점이 넘는 그림을 그린 이중섭이 좋아한 소재는 소, 어린이, 가족, 물고기, 달 등이다. 강렬한 선, 역동적인 동작에 담긴 따뜻함으로 꾸준히 한국인들의 사랑을 받고 있다.

1

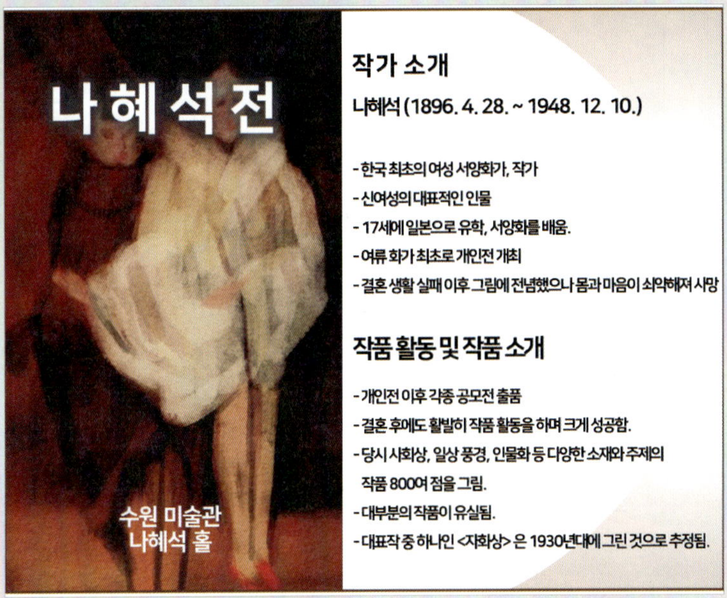

이 작품을 그린 작가 나혜석은 한국 최초의 여성 서양화가이자 작가로 신여성을 대표하는 인물**로 알려져 있다.** 17세에 그림을 배우러 일본으로 유학을 가서 서양화를 배우고 여류 화가 최초로 개인전을 개최할 정도로 그림에 재능이 많았다. 결혼 후 남편과 유럽 여행을 떠나 유럽에서 유명한 미술 작품을 직접 보고 다양한 경험을 하였다. 이후 결혼에 실패하고 이혼한 후 그림에 전념했지만 몸과 마음이 쇠약해져 쓸쓸히 홀로 죽음을 맞이하였다.

연작　신여성　공모전　전념하다　쇠약하다

2

작가 소개

한용운 (1879. 8. 29. ~ 1944. 6. 29.)

- 독립운동가, 승려, 시인
- 일제 강점기 때 시집 『님의 침묵』을 출판함.
- 시를 통해서 일제에 저항하는 민족 정신을 표현하는 저항 문학에 앞장 섬.
- 300여 편의 작품을 남김.

작품 소개

- 시집 『님의 침묵』은 독립에 대한 신념과 희망을 사랑의 노래로 표현한 작품이 수록됨.
- 시집 『님의 침묵』(1926)에 실린 88편의 시 중 한 편
- '님'은 연인·조국·부처 등 다양한 의미를 지님.
- 「사랑하는 까닭」은 상대방을 있는 그대로 받아들이는 사랑이 진정한 사랑임을 표현함.

한용운의 시 「사랑하는 까닭」은 1926년에 발간된 시집 『님의 침묵』에 실린 88편의 시 중 한 편이다. 이 작품이 실린 시집 『님의 침묵』은 독립에 대한 신념과 희망을 사랑의 노래로 표현한 것으로 알려져 있다. 작품에 등장하는 '님'은 연인·조국·부처 등 다양한 의미를 지니고 있는 것으로 해석된다. 연인에 대한 사랑을 고백하는 것 같은 이 시에서 작가는 상대방을 있는 그대로 받아들이는 사랑이 진정한 사랑임을 표현하고 있고 다른 사람은 젊고 예쁜 모습만을 사랑하지만 백발까지 사랑하는 나의 사랑이 진정한 사랑임을 고백한다.

시화전　저항하다　신념　조국　백발

3

서소문 성지
역사 박물관
서울 중구 칠패로 5
9:30 - 17:30
월요일 정기 휴관
박물관 소개
- 2019.6.1. 개관
- 서소문 역사 공원 지하에 위치
- 2019년 서울시 건축상 최우수상
- 천주교 성지이면서 시민들을 위한 공간
주요 공간
- 지하 1층-도서관
- 지하 2층-기획 전시실
- 지하 3층- 위안과 평화로움을 주는 공간
땅과 하늘이 소통하는 하늘 광장, 상설 전시실

1 보기 와 같이 작품에 대한 감상 및 인상적인 점을 써 봅시다.

보기 이중섭 전시회, 〈두 아이와 물고기와 게〉

- 아이가 대충 그린 것 같은 느낌
- 단순한 몇 개의 선으로 표현
- 자세히 보면 행복한 표정
- 마음이 맑아지는 느낌

전시회에서 처음 이 그림을 보았을 때 '이렇게 대충 그린 것 같은 그림이 어떻게 한국인에게 사랑을 받을 수 있지?' 하는 생각이 들었다. 아이들이 장난삼아 대충 그린 것 같은 그림이었다. '나도 이 정도는 그릴 수 있겠다.'라는 생각이 들 정도로 단순한 선으로 어린이와 게, 동물을 표현했다. 그러나 자세히 보니 그림 속 아이와 동물들이 행복한 표정으로 웃고 있었다. 볼수록 그림 속에 있는 아이들처럼 마음이 맑아지는 기분이 들었다.

① 나혜석 전시회, 〈자화상〉

- 공허하면서 슬픈 표정이 인상적
- 오똑한 콧날과 깊고 큰 눈을 가진 서구적인 얼굴이 실제 작가의 모습과 다름.
- 자유롭게 살고 싶은 본인의 마음과 그렇지 못한 현실의 좌절감을 표현한 느낌
- ________________________________

  ____

전시장에 있는 여러 그림 중에서 이 그림이 나의 눈길을 끌었던 이유는 작품 속 여인의 표정과 작품의 분위기 때문이었다. 먼 곳을 보고 있는 것 같은 눈동자와 공허한 표정의 여인의 모습이 인상적이었다. 무슨 사연이 있길래 저렇게 슬픈 표정을 짓고 있는지, 무슨 생각을 하고 있는 것인지, 궁금증이 생겼다.

____

____

____

____

장난삼다　오똑하다　콧날　서구적

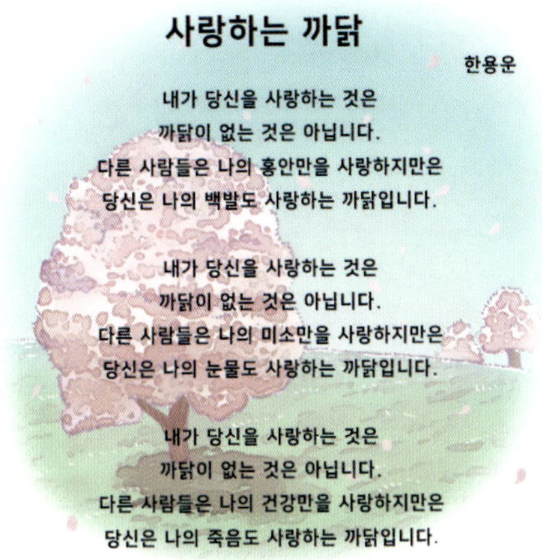

2 한용운 시화전, 「사랑하는 까닭」

- 승려이자 저항 시인이 쓴 시라고 느껴지지 않는 부드러운 사랑 시의 느낌
- 진정한 사랑이 느껴짐.
- 조용하고 잔잔하게 사랑을 고백하는 느낌
- ________________

이 시를 처음 읽었을 때 너무도 당연히 작가의 사랑하는 마음을 담은 사랑 시라고 생각했다. 이 시를 지은 작가가 승려이며 저항 시인이라는 것을 알고 조금 놀랐다. 시가 부드럽고 온화해서 시인이 여자일 것 같다는 생각까지 했기 때문이다. 젊고 아름다운 모습뿐만 아니라 백발까지 사랑한다는 문장에서 진정한 사랑이 느껴진다.

3 발레 심청

- 한국적인 우아함
- 한복을 입고 발레를 하는 모습이 인상적임.
- 의상이 황홀할 정도로 아름다움.
- ________________
- ________________
- ________________

홍안　잔잔하다　온화하다　황홀하다

쓰기 2

2 표현을 익혀 봅시다.

도움말

작품의 감상 내용을 쓸 때는 감상한 대상의 특징을 먼저 간단히 쓰고 자신에게 가장 인상적이고 감명 깊었던 부분을 중심으로 자신의 생각이나 느낌을 정리하면 된다. 줄거리를 모두 요약할 필요 없이 인상 깊었던 장면이나 대사, 구절 등을 중심으로 감상을 정리한다.

감상문을 마무리할 때에는 작품에 대한 전반적인 느낌, 내 생각의 변화 등을 중심으로 적으면 된다.

감상 내용 및 인상적인 점 쓰기	• **이번 감상을 통해서** 판소리에 대해 새롭게 알게 된 것들이 많은데 그중에서 **몇 가지 인상 깊었던 점들이 있었다.** • **이 영화에서 흥미로웠던 점은** 주인공의 기분과 감정에 따라 날씨가 달라지**는 것이었다.** • **가장 기억에 남는 것은** 연인과 헤어진 주인공이 눈이 오는 시골 기차역에서 혼자 앉아 있**는 장면이었다.** • 먼 곳을 보고 있는 것 같은 눈동자와 공허한 표정을 한 여인의 모습**이 인상적이었다.**
정리하기	• **이 전시회를 본 후** 한국 현대화의 전체적인 흐름**을 느낄 수 있어서 좋았다.** • 그동안 몰랐던 판소리에 대한 것들을 조금씩 알게 되면서 **흥미와 관심이 더 많이 생기게 되었다.** • **작가의 다른 작품을 더 찾아보고 싶다.** • **아직** 시**에 대해서 잘 모르지만 앞으로** 시를 계속 읽다 보면 지금보다는 시에 대해서 더 많이 알게 **될 것 같다.**

3 보기와 같이 써 봅시다.

보기

어린아이의 마음을 가진 화가 -이중섭 전시회를 보고 와서-		
정리하기	작품의 특징	• 가족에 대한 화가의 따뜻한 사랑과 그리움을 느낄 수 있었음.
	관람 후기	• 이중섭의 다양한 작품을 볼 수 있는 전시였음. • 단체 관람을 온 아이들이 돌아다녀서 집중하기가 어려웠음. • 아이들의 눈높이에 맞춘 설명 프로그램, 체험 프로그램이 있으면 좋겠음.
	관람 후 생각	• 한국 화가와 그림에 관심이 생김.

이 관람을 통해서 한국 대표 화가 중 한 사람인 이중섭의 다양한 작품 세계를 접할 수 있었다. 대표작들을 한 곳에서 볼 수 있었을 뿐만 아니라 가족에게 쓴 편지 등을 보며 화가의 인간적인 모습도 느낄 수 있었다. 가족들을 그린 작품을 보니 가족에 대한 사랑과 그리움이 느껴졌다.

그렇지만 단체 관람을 온 아이들이 그림을 보지 않고 돌아다녀서 그림에 집중하기가 어려웠던 점이 아쉬웠다. 아이들을 위한 관람 시간을 따로 배정하거나 아이들의 눈높이에 맞춘 설명 프로그램 혹은 체험 프로그램이 있으면 좋겠다는 생각이 들었다.

한국 화가에 대해서 잘 몰랐는데 전시회를 관람하고 나니까 한국 화가와 그림**에 관심이 생겼다.** 앞으로도 좋은 전시회가 있으면 찾아가서 감상해 보고 싶다.

1

그녀는 무슨 생각을 하고 있을까 -나혜석의 전시회를 다녀 와서-		
정리 하기	작품의 특징	• 자유로운 삶을 꿈꾸었지만 마음껏 재능을 펼치지 못한 작가의 공허함이 담겨 있음.
	관람 후기	• 작가의 작품이 많이 남아 있지 않아서 작품을 많이 볼 수 없어서 아쉬움. • 전시관에 작가의 일생에 대한 설명이 잘되어 있어서 좋았음.
	관람 후 생각	• '자화상'을 본 후 작가 나혜석에 대해서 알고 싶어짐. • 작가가 현대에 태어났으면 어땠을까?

나혜석은 많은 재능을 가졌지만 시대를 앞서 태어나서 재능을 마음껏 펼치지 못했다. 그래서인지 그녀가 그린 자화상에는 자유로운 삶을 꿈꾸었지만 마음껏 재능을 펼치지 못한 작가의 공허함이 담겨 있는 것 같다.

2

사랑이란 이런 것 -한용운의 시화전을 다녀와서-		
정리 하기	작품의 특징	• 사랑하는 사람에 대한 진정한 사랑을 노래함.

<table>
<tr><td rowspan="2">정리하기</td><td>관람 후기</td><td>• 시가 어렵다고 생각했는데 이 시는 연인에게 이야기하는 것처럼 느껴져서 이해하기 쉬웠음.
• 시의 느낌을 살린 그림과 함께 감상할 수 있어서 낭만적이었음.</td></tr>
<tr><td>관람 후 생각</td><td>• 한용운 외에 다른 시인의 시도 더 읽어 보고 싶어짐.</td></tr>
</table>

무엇보다도 시화전은 시만 감상하는 것이 아니라 시와 그림을 함께 감상할 수 있어서 낭만적이면서도 이해하기가 쉬웠다. 한용운의 시 외에 다른 한국 시인의 시도 더 읽어 보고 싶은 마음이 들었다.

3

<table>
<tr><th colspan="3">세계를 사로잡은 한국 발레, 심청을 보고</th></tr>
<tr><td rowspan="3">정리하기</td><td>작품의 특징</td><td>• 한국의 옛날 이야기를 발레로 표현함.</td></tr>
<tr><td>관람 후기</td><td>• 독창적이고 한국적인 의상과 무대가 인상적임.
• 다양한 영상 효과를 활용하여 입체적으로 실감나게 연출한 점이 좋았음.</td></tr>
<tr><td>관람 후 생각</td><td>• 한국적인 소재를 활용한 공연이 더 많아지면 좋겠음.
• 적극적인 홍보를 통해 케이팝이나 한국 드라마처럼 전 세계적으로 널리 알려지면 좋겠음.</td></tr>
</table>

Ⅲ. 정리해 봅시다

한국의 문학 작품이나 예술 작품을 보고 느낀 점을 써 봅시다.

사로잡다　실감나다

복습

1 여러분이 가 본 미술관 혹은 박물관의 관람 보고서를 써 봅시다.

미술관 관람 보고서		______ 보고서	
일시	5월 18일	일시	
장소	강원도 양구에 위치한 박수근 미술관	장소	
선정 이유	얼마 전 박완서의 소설 『나목』을 재미있게 읽었는데 박수근이라는 화가의 이야기를 토대로 그 소설을 썼다고 해서 실제로 박수근의 그림을 보고자 방문함.	선정 이유	
작가와 작품의 특징	독학으로 자신만의 독창적인 작품 세계를 구축했지만 한평생 가난과 외로움에 시달리다가 사후에 유명해진 한국의 대표적인 화가임. 대표작 '나무와 두 여인'은 노란색, 붉은색으로 채색된 여인의 모습에서 절제미와 함께 따뜻함과 부드러움이 느껴졌음.	작가와 작품의 특징	
감상 및 인상적인 점	그림의 질감이 마치 울퉁불퉁한 돌의 표면처럼 느껴졌고 어둡지만 따뜻한 색감으로 인해 토속적인 분위기가 느껴졌음.	감상 및 인상적인 점	
평가 및 정리	가난한 서민의 삶을 소재로 한국적인 미와 소박한 생활상을 따뜻하게 그려 낸 한국의 대표적인 화가임을 실감함. 서울에서도 특별전이 열렸으면 하는 바람이 있음.	평가 및 정리	

2 여러분이 작성한 관람 보고서를 발표해 봅시다.

나목 토대 구축하다 채색되다 절제미 토속적 서민

문화

한국 문학의 발자취를 따라서

한국의 곳곳에는 유명한 작가들의 문학 세계를 접할 수 있는 문학관이 많다. 관광지 사진을 찍어서 에스엔에스(sns)에 올리고 맛집을 찾아다니는 비슷비슷한 여행이 지겹다면 이제 문학의 향기가 느껴지는 문학관을 찾아서 떠나 보자.

먼저 서울에는 윤동주 문학관이 있다. 한국의 대표적인 시인 윤동주를 추억하고자 2012년에 개관한 윤동주 문학관은 인왕산 자락에 버려져 있던 물탱크와 수도 관련 시설을 개조해서 만들어졌다. 여러 건축상을 수상한 만큼 시인과 문학을 사랑하는 사람뿐만 아니라 건축학과 학생들도 많이 찾는 곳이다. 윤동주 시인의 사진 자료와 시집 『하늘과 바람과 별과 시』 등, 그가 남긴 시의 친필 원고 영인본이 전시되어 있다.

강원도로 가면 『메밀 꽃 필 무렵』의 작가 이효석 문학관이 있다. 강원 평창군 봉평면에 있는 이효석 문학관에는 이효석 작품에 나오는 1930년대 봉평 장터가 재현되어 있고 4만여 평의 메밀밭이 인근에 있어서 메밀꽃이 피는 9월이 되면 소금을 뿌린 듯이 하얗게 메밀꽃으로 뒤덮인다. 문학관에는 『메밀 꽃 필 무렵』과 관련된 다양한 자료뿐만 아니라 이효석의 작품이 발표된 잡지, 신문, 초간본 책자 등이 전시되어 있다.

경상남도 하동에 가면 대하소설 『토지』의 작가 박경리의 문학관을 볼 수 있다. 문학관에는 작가가 평소 사용하거나 아끼던 유품, 초상화, 『토지』 인물 지도 등이 전시되어 있다. 문학관 근처에는 소설을 원작으로 한 드라마 〈토지〉의 촬영지였던 최 참판 댁이 있어서 같이 둘러보기 좋다. 이 외에도 전주에는 최명희 문학관, 공주에는 나태주 문학관 등이 있다.

윤동주 문학관(서울)

박경리 문학관(하동)

비슷비슷하다 자락 친필 영인본 재현되다 인근 초간본 대하소설 유품

19과 세계와 경제

• 학습 목표: 면접시험의 예상 질문을 만들어 보고 그 질문에 대답할 수 있다.

Ⅰ. 준비해 봅시다

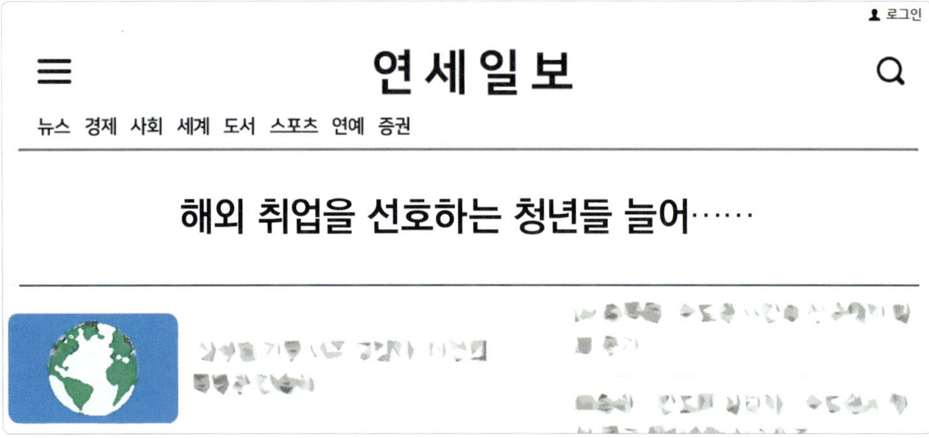
로그인

연세일보

뉴스 경제 사회 세계 도서 스포츠 연예 증권

해외 취업을 선호하는 청년들 늘어……

- 여러분이 알고 있는 다국적 회사에 대해서 이야기해 봅시다.
- 다국적 회사에서 원하는 인재상은 무엇이라고 생각합니까?

말하기 1

II. 표현해 봅시다

1 보기 와 같이 이야기해 봅시다.

	구분	예상 면접 질문
보기	지원 동기	• 우리 회사에 지원한 이유 • 한국 취업을 선택한 이유 • 영업직에 지원한 이유
①	기업 관심도	• 우리 회사에 대해서 알고 있는 것 • 우리 회사의 사회 공헌 활동 • 우리 회사 제품 중 가장 좋아하는 것과 싫어하는 것, 이유
②	조직 적응력	• 원하는 일을 못 하게 되는 경우 • 상사가 부당한 업무를 지시하는 경우 • 10년 후 우리 회사에서의 지원자의 모습
③	대외 활동 및 성격	• 기억에 남는 대학 생활 경험 • 동아리 활동, 봉사 활동 경험 • 성격의 장점과 단점

보기

선배: 다음 주 면접 준비는 잘하고 있어? 나올 만한 질문을 예상해서 답변을 미리 준비하고 연습을 하고 가면 도움이 되거든.

흐엉: 신입 사원 면접에서 뭘 물어 봐요?

선배: 보통 공통 질문이 있지. 제일 먼저 지원 동기를 물어봐. 왜 그 회사와 부서에 지원했는지를 많이 물어봐. 비슷한 일을 하는 다른 회사도 많은데 그 회사에 지원한 이유를 알고 싶어 하는 것 같아.

흐엉: 지원 동기를 정리해 봐야겠네요. 지원 동기에 대해서 또 어떤 질문을 많이 해요?

선배: 고향에서 취업하지 않고 왜 한국에서 취업하고 싶어 하는지를 물어볼 것 같아. 이 밖에도 가끔 쉽게 대답하기 어려운 질문을 하기도 해.

흐엉: 선배님 말을 들으니까 더 긴장돼요. 제가 미리 면접 연습을 해 보고 싶은데 좀 도와줄 수 있어요? 제가 정말 가고 싶은 회사여서 꼭 합격하고 싶거든요.

사회 공헌　　부당하다

2 표현을 익혀 봅시다.

도움말

취업 면접 준비를 할 때는 다양한 예상 질문들을 찾아보고 준비하면 도움이 된다. 자기소개서에 쓴 내용을 바탕으로 질문을 하는 경우가 많으므로 자기소개서는 거짓으로 작성하지 말고 자기소개서에 쓴 내용을 충분히 숙지하고 있어야 한다.

입사 면접에서는 일상생활에서 쓰는 줄임말이나 비속어를 쓰지 않도록 주의해야 한다. 잘 모르는 것에 대한 질문을 받았을 때에는 잘 모르는 것이나 확실하지 않은 내용을 아는 것처럼 말하지 말고 솔직하게 모른다고 대답하는 것이 좋다.

단순히 내가 이 회사에 가고 싶다는 내용이 아닌 다른 지원자와의 차별성, 회사에 어떤 도움을 줄 수 있는지를 강조해서 말한다. 과거의 경험이 어떻게 나의 성장에 영향을 미쳤으며 그 경험을 통해서 무엇을 느꼈는지를 구체적으로 밝히고 그 경험이 내가 지원한 업무와 어떤 연관이 있는지를 강조한다.

자기소개 및 지원 동기 말하기	• 안녕하십니까, **저는** 신선한 감각과 창의력으로 여러 광고 공모전에서 상을 받은 김하늘**입니다.** • **어렸을 때부터 제 꿈은** 자동차 디자이너가 되**는 것이었습니다.** • **제가 영업직에 지원한 이유는** 세연 전자의 우수한 제품들을 더 많은 고객이 알고 사용했으면 좋겠다고 생각하기 때문입니다.
채용 면접 답변하기	• **귀사는** 한국 대학생들에게 가장 일하고 싶은 직장으로 꼽힌 기업**으로 알고 있습니다.** • **제 적성을 살릴 수 있는** 제품 개발 업무**에 도전해 보고 싶습니다.** • 저의 외국어 실력과 해외 거주 경험이 **업무에 도움이 되리라고 생각합니다.** • 패션 디자이너**의 꿈을 이루기 위해서** 저는 시간이 있을 때마다 직접 옷을 디자인하고 만들어 봤습니다. • **저의 강점은** 의사소통 능력입니다. 그것은 동료들과 의견을 나누어 가며 **업무를 진행하는 데에 꼭 필요한 부분이라고 생각합니다.** • 근무지**는 문제가 되지 않습니다. 회사 업무에 필요하다면** 전국 어디든 근무가 가능합니다. • 회사의 발전에 도움이 될 수 있도록 **맡은 바 업무에 최선을 다하겠습니다.** • 세연 전자**에서 일할 기회를 주신다면** 회사와 저의 발전을 위해 노력하는 인재가 되겠습니다.

줄임말 차별성

3 보기 와 같이 이야기해 봅시다.

	구분	답변
보기	지원 동기	• 한국 최고의 전자 회사로 고향에서도 세연 전자 제품을 애용함. • 해외 업무가 많은 세연 전자에 나의 외국어 실력과 국제 경험이 도움이 될 것 • 노력한 만큼 성과를 얻을 수 있음.
①	기업 관심도	• 한국의 대표적인 기업 • 여러 사회 공헌 활동 외에 비인기 종목 운동선수 지원이 인상 깊음. • 대부분의 제품을 좋아함.
②	조직 적응력	• 최대한 업무를 파악하고 익히겠음. • 상사의 지시에 따르겠음. • 제품 개발 팀의 핵심 인재가 되어 후배 사원들과 신제품 개발에 열중하고 있을 것
③	대외 활동 및 성격	• 대학교 선후배들과 스타트업(startup) 기업을 시작하여 건강 관리 앱을 개발한 것 • 장점은 성실하고 책임감이 강해서 며칠 밤을 새워서라도 맡은 일을 끝낸다는 것임. • 단점은 어느 한 가지에 빠지면 그것에만 정신을 집중한다는 것임.

보기

면접관: 우리 회사에 지원한 이유는 무엇입니까?

나: 세연 전자**는 한국 최고의 전자 회사입니다.** 저는 고향에서도 세연 전자 제품을 애용하였습니다. 처음에는 제품에 관한 관심에서 시작했지만 유학 생활을 하면서 세연 전자의 기업 문화나 분위기가 저와 맞는다고 생각해서 지원했습니다.

면접관: 고향이 아닌 한국에서 취업하려는 이유는 무엇입니까?

나: 고향에도 여러 회사가 있지만 저는 저의 외국어 능력을 활용할 수 있는 곳에서 일하고 싶었습니다. 저는 모국어 외에 한국어와 영어를 할 수 있습니다. 다국적 기업으로 해외 업무가 많은 세연 전자**에 저의 외국어 실력과 국제 경험이 도움이 되리라고 생각합니다.**

면접관: 영업직에 지원한 이유는 무엇입니까?

나: 세연 전자 **영업직에 지원하게 된 첫 번째 이유는** 저의 자질과 역량을 가장 효과적으로 발휘할 수 있는 분야가 이곳이라고 확신하고 있기 때문입니다. 그리고 두 번째 이유는 영업 업무는 노력하고 힘이 든 만큼 성취감을 느끼고 성과를 얻을 수 있기 때문입니다. 무엇보다 앞으로 고객들이 세연 전자 제품의 우수성을 더 많이 알고 사용했으면 좋겠다고 생각하기 때문에 영업직에 지원했습니다.

애용하다　선도하다　열중하다　다국적 기업　역량　발휘하다　성취감

말하기2

Ⅱ. 표현해 봅시다

1 보기 와 같이 이야기해 봅시다.

	구분	예상 면접 질문
보기	지원 동기 및 자기소개	• 자기소개 • 우리 학교에 지원한 이유 • 이 전공을 공부하고 싶은 이유
❶	학창 시절 경험	• 가장 인상 깊었던 활동 • 가장 후회되는 것 • 봉사 또는 아르바이트 경험 및 그로부터 배운 점
❷	성격	• 성격의 장단점 • 단점을 고치기 위해서 한 노력 • 친구와의 갈등 상황 해결 방법
❸	앞으로의 계획 및 꿈	• 입학 후 학업·연구 계획 • 학과 공부 외에 하고 싶은 것 • 졸업 후 계획

보기

선배: 다음 주에 대학교 면접시험이 있지? 준비 잘하고 있어?

리타오: 어떻게 준비해야 할지 몰라서 걱정이에요. 보통 대학교 면접에서는 어떤 질문을 많이 해요?

선배: 보통 자기소개를 시키고 왜 우리 학교에 지원했는지, 왜 이 전공을 공부하고 싶은지를 많이 물어보는 것 같아.

리타오: 그렇군요. 인터뷰 예상 질문을 만들어서 대답하는 연습을 해 보고 싶은데 저 좀 도와줄 수 있어요?

2 표현을 익혀 봅시다.

도움말

입시 면접시험을 보기 전에 예상 질문을 뽑아서 연습하면 면접시험을 보는 데에 도움이 된다. 지원자 자신의 입장이 아닌 면접관의 입장에서 지원자에게 묻고 싶은 것을 생각하며 질문과 답변을 준비하는 것이 좋다. 답변을 할 때에는 자기소개서와 학업 계획서에 쓴 내용을 바탕으로 무엇을 공부하고 싶고 어떤 연구를 하고 싶은지 등을 구체적으로 밝히는 것이 좋다.

자기소개 및 지원 동기 말하기	• 안녕하십니까? 수험 번호 0000번 리타오입니다. • 한국 최고의 자동차 공학과에서 공부하고 **싶어서 지원했습니다.** • 한국 대학교**는** 아시아 최고의 대학 중 하나일 뿐 아니라 **최고의 연구 시설을 갖추었기 때문입니다.** 또한 캠퍼스도 한국에서 가장 아름답습니다. • 전자 공학**을 전공한 후에** 사용자를 가족처럼 챙겨 주고 이야기 상대까지 되어 주는 반려 로봇**을 만들고 싶습니다.**
입시 면접 답변하기	• **저는 평소에** 환경 보호**에 관심이 많아서 고등학교 때** 환경 **동아리에 가입해서** 방학 때 환경 보호 활동을 하러 다녔습니다. • **제 성격의 장점은** 처음 보는 사람과도 쉽게 친해지는 것이고 **단점은** 성격이 급하**다는 것입니다.** • 세연 대학교**에 입학하게 된다면** 제 미래를 위해 전공 관련 스터디에 참여하고 또 저를 위해 여행 동아리에 가입하**고 싶습니다.** 유학하는 동안 한국의 방방곡곡을 직접 가 보고 싶기 때문입니다. • **졸업을 하면** 경영학 **전공을 살려서** 가능하면 한국에 있는 은행이나 한국 은행의 해외 지사에서 일하고 싶습니다. • **졸업 후** 제 유학 경험과 한국 문화에 대한 이해를 바탕으로 **양국의 교류에 도움이 되는 일을 하고 싶습니다.**

수험 번호　자동차 공학과　전자 공학　반려　방방곡곡

말하기 2

Ⅱ. 표현해 봅시다

3 보기 와 같이 이야기해 봅시다.

	구분	답변
보기	지원 동기 및 자기소개	• 세연 대학교 심리학과의 오래된 역사, 다양한 프로그램과 실습 기회 제공 • 우울증 경험 후 상담 선생님의 도움으로 극복 • 사람들에게 도움을 주는 심리 상담사 희망
①	학창 시절 경험	• 토론 준비를 열심히 해서 성공적으로 토론을 마침. • 입시 준비로 책을 많이 읽지 못해서 아쉬움. • 청소 봉사를 하며 환경 보호에도 관심을 갖게 됨.
②	성격	• 장점: 다른 사람의 이야기를 잘 들어줌. • 단점: 일을 미룸. • 계획표를 미리 짜고 휴대 전화에 알람을 설정 • 친구의 입장에서 이해하려고 노력함.
③	앞으로의 계획 및 꿈	• 전공 공부를 충실히 하고 심리상담센터에서 현장 경험을 쌓겠음. • 세연 대학교 연극 동아리에 들어가서 다양한 경험을 하고 싶음. • 한국생활을 힘들어 하는 유학생을 위한 전문 심리 상담사가 되고 싶음.

보기

면접관: 간단하게 자기소개를 하십시오.

나: 안녕하십니까? 세연 대학교 심리학과**에 지원한 리타오입니다.** 저는 사람들의 마음과 행동에 관심이 많아서 심리학과**에 지원했습니다.**

면접관: 우리 학교에 지원한 이유는 무엇입니까?

나: 저희 고향뿐만 아니라 한국에도 심리학과가 있는 대학교가 많습니다. 그렇지만 세연 대학교 심리학과가 한국에서 가장 먼저 개설되었고 역사가 오래된 만큼 프로그램도 다양하고 실습 기회도 많**기 때문에 지원했습니다.**

면접관: 심리학에 관심을 갖게 된 계기는 무엇입니까?

나: 제가 중학교 때 가벼운 우울증을 앓았는데 상담 선생님과의 상담을 통해서 우울증을 극복할 수 있었습니다. 그때 좋은 상담 선생님을 만나지 못했다면 저는 학업도, 대학 진학도 포기했을지 모릅니다. 저도 누군가에게 도움과 위안이 되는 심리 상담사**가 되고 싶어서 심리학과에 지원했습니다.**

Ⅲ. 정리해 봅시다

여러분이 가고 싶은 대학교나 대학원, 회사의 예상 면접 질문을 만들고 답변을 준비해 봅시다.

심리학 실습 심리 상담사 충실히 극복하다

20과 과학과 미래

• 학습 목표: 공식적인 인사말인 축사와 답사를 쓸 수 있다.

Ⅰ. 준비해 봅시다

- 공식 석상에서 유명 인사가 남긴 축사나 답사 중 기억에 남는 것이 있습니까?
- 여러 사람 앞에서 축사나 답사를 발표한다면 어떤 내용을 담고 싶습니까?

1 보기 와 같이 써 봅시다.

보기

행사명: 남극 과학 기지 연구 대원 출정식
축사자: 미래 창조 과학부 장관
대　상: 과학 기지 연구 대원

오늘 우리는 극지 연구를 위해서 한국을 떠나 1년간 남극 세종 과학 기지에 머물게 될 10명의 대원을 환송하고자 합니다. 미래 창조 과학부의 장관인 제가 대표로 인사말을 전하게 되어서 영광입니다. 한국을 대표하는 최고의 과학자로 선정되신 여러분께 축하의 말씀을 전합니다.

1

행사명: 신형 전기차 발표식
축사자: 김연세 (공학 박사)
대　상: T 자동차 그룹 직원들

____

____

____

____

____

____

기지　연구 대원　출정식　극지　환송하다

2

행사명: 결혼식
축사자: 신부의 친구 노라 한슨
대　상: 신랑 김우진, 신부 사토 유키

____

____

____

____

3

행사명: ______________________

축사자: ______________________

대　상: ______________________

____

____

____

____

2 표현을 익혀 봅시다.

❓도움말

졸업식, 결혼식, 기념식 등 각종 축하하는 자리에서 다수의 청중을 대상으로 축사를 한다. 축사를 할 때는 일반적으로 시작 부분에서 축하하는 상황과 축하할 대상을 구체적으로 언급한 후 축하의 말을 건넨다. 이때 대표로 축사를 맡게 된 소감을 언급하는 것도 좋다. 그리고 어려움을 극복한 내용 등을 담아 격려하는 말도 함께 전한다. 마무리 단계에서는 밝은 미래를 기원하는 말을 덧붙이며 희망을 강조하는 것이 좋다.

축사 시작하기	• **오늘 많은 분들이 모이신 가운데** 융합 과학의 결과물인 T사 신형 전기차를 선보이**고자 합니다.** • **오늘 이 자리는** 마르탱 씨가 요리사로서 자신의 이름을 건 식당을 개업하게 된 것을 축하하**기 위해서 모인 자리입니다.** • **우리는** 석사 과정에 재학 중인 학생들의 연구 성과에 대해 듣고 이 학생들을 축하하**기 위해서 모였습니다.** • 오늘 이 자리에 훌륭하신 분들을 모시고 **제가 대표로 인사말을 전하게 되어서 영광입니다.**
축하 내용 쓰기	• **진심으로 축하합니다/축하의 뜻을 전합니다.** • 많은 어려움**에도 불구하고** 오늘과 같은 결과를 얻으신 것**에 대해서 존경과 격려의 마음을 전합니다.** • **이 자리에 오기까지** 여러 난관을 극복했**다고 들었습니다.** • 그간의 노력과 수고**에 큰 박수를 보냅니다.** • 이렇게 훌륭한 성과 뒤에는 많은 분들의 희생이 있었다는 점**을 우리 모두가 기억하고 있습니다.**
축사 마무리하기	• 오늘 졸업을 하시는 **여러분의 앞날에 희망과 행운이 깃들기를 기원합니다.** • 그동안 잘해 오신 것처럼 **앞으로도 좋은 일만 생기기를 바랍니다.** • 신입 사원 여러분을 다시 한 번 환영하며 그 누구보다 여러분의 밝은 미래와 무궁한 발전**을 기대하겠습니다.** • 여러분의 가능성**에 무한한 신뢰를 보내며 늘 응원하겠습니다.**

융합　난관　깃들다　무궁하다

3 보기 와 같이 써 봅시다.

보기

시 작: [행사명] 남극 세종 과학 기지 연구 대원 출정식
[축사자] 미래 창조 과학부 장관
[대상] 과학 기지 연구 대원 10명

내 용: 극지 파견을 위해 어려운 훈련과 교육을 이수한 점과 나라를 위한 노력과 결정에 대해 존경과 감사를 표함.

마무리: 극지에서의 건강과 행복을 기원함.

축사 시작하기	**오늘** 우리는 극지 연구를 위해 남극 세종 과학 기지에 머물게 될 10명의 대원을 환송하**고자 합니다.** 미래 창조 과학부의 장관인 **제가 대표로 인사말을 전하게 되어 영광입니다.** 한국을 대표하는 과학자로 선정되신 여러분, **축하합니다.**
축하 내용 쓰기	몇 개월 동안 여러분들이 많은 훈련과 교육을 받으셨다고 들었습니다. 극지의 혹한과 열악한 환경을 견디기 위해서 힘겨운 교육 과정을 이겨 내신 여러분께 **존경과 감사의 뜻을 전합니다.** 또한 한국의 과학 발전을 위해 어려운 결정에 동의해 주신 대원들의 가족분들께도 **진심으로 감사드립니다.**
축사 마무리하기	극지에서의 생활에 많은 어려움이 예상되지만 누구보다 강인한 여러분은 잘 해 내시리라고 믿습니다. 대원 **여러분의 행복과 건강을 기원합니다.**

혹한 열악하다

1

시　작: [행사명] 신형 전기차 발표식
[축사자] 김연세 (공학 박사)
[대상] T 자동차 그룹 직원들
내　용: 대기 오염을 줄이고 사용자의 편의성을 높이기 위해 직원들이 밤낮없이 힘겹게 연구한 것에 대해 박수를 보냄. 직원들의 노력 덕분에 디자인까지 뛰어난 신형 전기차가 출시됨.
마무리: 이 차가 높은 판매량을 기록하기를 바람.

여기는 융합 과학의 결과물인 T 자동차 그룹의 신형 전기차 T5를 공개하**는 자리입니다. 이 행사에서 제가 대표로 축하를 하게 되어서 영광입니다.** 멋진 신형 자동차를 출시하게 된 것**을 진심으로 축하합니다.**

____

____

____

____

부디 이 차가 많은 소비자들에게 인기를 얻어서 T 자동차 그룹 사상 가장 높은 판매량을 기록하기를, 그래서 업계에 새로운 열풍을 일으키시기**를 기원합니다.**

2

시　작: [행사명] 결혼식
[축사자] 신부의 친구 노라 한슨
[대상] 신랑 김우진, 신부 사토 유키
내　용: 두 사람이 사귀면서 언어와 문화적 차이 때문에 어려움을 겪기도 했지만 서로에 대한 깊은 사랑과 믿음으로 극복함.
마무리: 앞으로 평생 동고동락하며 행복한 가정을 꾸리기 바람.

오늘 우리는 신랑 김우진 군과 신부 사토 유키 양이 부부가 되는 것을 축하하**기 위해서**

부디

모였습니다. 신부의 친한 친구로서 많은 분들 앞에서 **대표로 축하 인사를 하게 되어 떨립니다.** 두 사람의 결혼**을 진심으로 축하드립니다.**

3

시 작: [행사명] S 전자 신입 사원 환영식
[축사자] S 전자 사장
[대상] 신입 사원 250명

내 용: 80:1이라는 높은 경쟁률을 뚫고 입사한 직원들에게 존경과 축하를 전함. 외국어 시험, 각종 자격증, 연수 경험 등을 쌓기 위한 신입 사원들의 노력을 잘 알고 있음.

마무리: 선배로서 큰 기대를 하고 있으며 앞으로도 회사와 함께 무한히 성장하시기를 바람.

1 보기 와 같이 써 봅시다.

보기

행사명: 남극 과학 기지 연구 대원 출정식

답사자: 연구 대원 대표 정민철

오늘 남극 세종 과학 기지로 떠나는 저희 연구 대원 10명을 격려하기 위해서 이 자리에 참석해 주신 여러분께 다시 한 번 감사드립니다. 특히 저희에게 좋은 말씀 들려주신 장관님께 감사드립니다.

1

행사명: 신형 전기차 발표식

답사자: T 자동차 그룹 개발 팀 팀장 이미영

2

행사명: 연세 고등학교 졸업식

답사자: 졸업생 대표 이윤아

3

행사명:

답사자:

2 표현을 익혀 봅시다.

도움말

축사를 듣고 나서 축하를 받은 사람이 자신을 축하하기 위해 모인 청중과 축사를 들려준 사람에게 감사를 표시하기 위해서 답사를 한다. 답사의 시작 부분에서는 다시 한 번 많은 사람이 모인 그 자리의 의미를 되새기고 격려를 전한 사람들에게 감사의 인사를 전한다. 다음으로 이 자리에 오기까지 겪은 어려웠던 일이나 특별히 기억에 남는 일화 등을 언급하고 마지막으로 앞으로의 다짐과 포부를 밝히는 것이 좋다.

답사 시작하기	• **오늘은** 저희 팀원들이 지난 3년 동안 연구한 결과물을 처음으로 여러분께 선보이**는 날입니다.** • 부족한 저의 첫 전시를 보**기 위해 모여 주셔서 감사합니다.** • **특히 축사를 맡아서 해 주신** 사장님**께 감사드립니다.** • 저희를 가르쳐 주신 선생님들과 응원해 주신 후배 여러분, 이렇게 저희의 졸업**을 축하해 주셔서 대단히 감사합니다.**
감사 내용 쓰기	• **지난** 30년간 교수로 재직하며 물론 힘든 때도 있었지만 **지나고 보니** 모두 즐거운 추억으로 남을 것 같습니다. • 개업을 준비하며 포기하고 싶을 **때도 있었는데** 그때마다 가족들이 저를 많이 도와줬습니다. • 오랜 준비와 경험**을 통해** 부지런함이 그 무엇보다 중요하다는 것**을 배우게 되었습니다.** • 진로를 고민하고 있던 저에게 김 선생님이 해 주신 조언**이 기억에 남습니다.** • 논문을 준비하며 함께 고생한 동기들과의 추억**은 절대 잊을 수 없을 것입니다.**
답사 마무리하기	• **여러분께서 축하해 주신 덕분에 앞으로** 더 힘을 낼 수 있**을 것 같습니다.** • 여러분의 격려와 기대에 부응하**기 위해서 더 노력하겠습니다.** • **앞으로** 힘들 때마다 오늘 이 자리에서 많은 분들이 제게 들려주신 좋은 말씀**을 기억하며 살겠습니다.** • **앞으로도 많은 응원과 관심을 부탁드립니다.**

되새기다　일화　포부　부응하다

3 보기 와 같이 써 봅시다.

보기

시　작: [행사명] 남극 세종 과학 기지 연구 대원 출정식
[답사자] 연구 대원 대표 정민철
내　용: [준비 과정] 장기간에 걸쳐 진행된 국가 사업으로 힘들었음.
[극복 과정] 대원들끼리 서로 돕고 의지한 추억 등
마무리: 많은 분들의 기대에 부응하기 위해서 열심히 연구할 것임. 계속 응원해 줄 것을 부탁함.

답사 시작하기	**오늘** 남극 과학 기지로 떠나는 저희를 격려하**기 위해서 이 자리에 참석해 주신 귀빈 여러분께 감사드립니다.** 특히 **축사를 맡아서 해 주신** 장관님**께 감사드립니다.**
감사 내용 쓰기	극지 환경 연구는 장기간에 걸쳐 진행되는 국가 사업이었기 때문에 준비 단계부터 쉽지 않았습니다. 하지만 지칠 법한 상황에서도 미소를 잃지 않던 우리 10명의 대원들 **덕분에** 이렇게 모든 준비를 무사히 마치고 떠날 수 있**게 됐습니다.**
답사 마무리하기	많은 분들의 격려와 기대에 부응하**기 위해서 더 열심히 연구하겠습니다.** 계속 지켜봐 주시고 **응원해 주시기 바랍니다.**

귀빈

1

시 작: [행사명] 신형 전기차 발표식
[답사자] T 자동차 그룹 개발 팀 팀장 이미영
내 용: [전기차 출시 과정] ______________________________
[기억에 남는 일] 회식 / 워크숍 / 선후배의 응원 등
마무리: 많은 분들의 격려와 축하 덕분에 시장에서의 반응도 기대가 됨.

오늘 저희가 개발한 신형 전기차를 보러 와 주신 **여러분들과 축사를 맡아서 해 주신** 김 박사님께 제가 개발 팀을 대표해서 **감사하다는 말씀을 전합니다.**

____

____

____

____

여러분의 응원 덕분에 이번에 저희가 선보인 전기차가 시장에서 좋은 반응을 얻을 수 있**을 것 같습니다. 앞으로도 많은 관심 부탁드립니다.**

2

시 작: [행사명] 연세 고등학교 졸업식
[답사자] 졸업생 대표 이윤아
내 용: [3년 동안의 생활] ______________________________
[잊지 못할 추억] 수학여행 / 동아리 활동 / 교우 관계 등.
마무리: 졸업 후 각자 여러 곳으로 흩어지지만 졸업생 모두 각자의 꿈을 위해서 계속 열심히 생활할 것임.

오늘 연세 고등학교를 졸업하는 학생 대표 이윤아입니다. 저희를 사랑으로 가르쳐 주신 선생님들과 옆에서 늘 응원해 주신 가족들, 후배 여러분, **이렇게 저희의 졸업을 축하해 주셔서 진심으로 감사합니다.**

3

시 작: [행사명] 세연 도서관 개관식
[답사자] 도서관장

내 용: [도서관 설립 과정] ____________________
[도움을 주신 분들] 세연시 공무원 / 격려해 준 시민 등

마무리: 많은 분들에게 실망을 주지 않기 위해 전 직원이 노력하겠음. 앞으로 큰 관심과 많은 이용을 바람.

Ⅲ. 정리해 봅시다

한국어 6급 과정을 마치는 소감을 써 봅시다.

복습

1 어학당을 졸업하는 친구들과 서로 인터뷰를 해 봅시다.

질문	대답
한국어 공부	
한국어를 배우게 된 계기는 무엇입니까?	인터넷에서 우연히 케이팝(K-POP) 가수의 콘서트 영상을 봄. 노래와 춤, 한국어 발음이 인상 깊어서 한국어를 공부하기 시작했음.
한국어를 공부하면서 어려웠던 점은 무엇입니까? 그리고 한국어를 재미있게 공부하는 방법이 있습니까?	
______________________	
유학 생활	
유학 생활 중 기억에 남는 일에는 어떤 것이 있습니까?	
______________________	
친구들과의 관계	
외국 친구들을 사귀며 즐거웠던 순간은 언제입니까?	
______________________	
졸업 후 계획	
앞으로의 계획에 대해서 말씀해 주시겠습니까?	

2 인터뷰한 질문과 대답을 정리하여 글로 써 봅시다.

문화

한국의 과학 기지

한국은 현재까지 과학 기지 네 곳을 세웠는데 가장 규모가 큰 곳은 세종 과학 기지이다. 제주도 서남쪽에 있는 이어도 해양 과학 기지는 규모가 작은 무인 기지로서 그곳에서 관측한 자료만 전송하고 있다. 연구원이 파견되는 과학 기지 세 곳은 다음과 같다.

세종 과학 기지

설립 시기: 1988년 2월
설립 위치: 남극 대륙 최북단 킹조지 섬
연구 내용: 매년 겨울철에는 15명 정도의 연구원들이 기지에 머물면서 대기 과학, 지질학, 지구 물리학, 생물학 등을 연구함. 여름철에는 최대 40여 명의 연구원들이 배를 타고 나가서 해양 생물을 연구함. 최근에는 기후 변화와 환경 변화에 대해서 연구 중임.

설립 시기: 2002년 4월
설립 위치: 북극 노르웨이령 스발바르 제도
연구 내용: 여름철에만 6명 정도의 연구원들이 파견되어 북극 생태 연구를 진행함. 최근에는 북극해 주변에 매장된 석탄, 천연가스, 금속 광물 자원의 탐사 연구도 진행 중임.

다산 과학 기지

장보고 과학 기지

설립 시기: 2014년 2월
설립 위치: 남극 대륙 내륙 테라노바 만
연구 내용: 두 번째 남극 기지로 빙하, 오존층, 기상 관측 등 대륙 기반 연구에 집중하고 있음. 겨울철에는 평균 15명 정도의 연구원이 상주하고 여름철에는 연구원과 방문객을 포함하여 최대 60명 정도가 활동함.

최북단 대기 과학 지질학 령 제도 광물 내륙 만 기반

부록

색인

색인

어휘 색인

ㅇ

참고 자료

과/항	구분	상세 사항
19~20과 복습	출처	극지연구소